Parenting
with
Love and
Wisdom

这样爱你
刚刚好,
我的八年级孩子

朱永新 孙云晓 孙宏艳 主编

蓝玫 副主编　　王丽霞 本册作者

湖南教育出版社

编 委 会

把幸福还给家庭（代序）

父母的教育素养，直接影响甚至决定着孩子的发展。

在教育中，家庭是成长之源。一个人的一生有四个重要的生命场：母亲的子宫、家庭、学校和职场。其他三个场所随着时间改变，家庭却始终占据一半的分量，是最重要的场所。孩子的成长，最初是从家庭生活中得到物质和精神的滋养。人生从家庭出发，最后还是回到家庭。

在家庭教育中，父母的成长是孩子成长的前提。家庭教育不只是简单的教育孩子，更是父母的自我教育。没有父母的成长，永远不可能有孩子的成长。与孩子一起成长，才是家庭教育最美丽的风景，才是父母最美好的人生姿态！抚养孩子并不仅仅是父母的任务，也是父母精神生命的第二次发育。对孩子的抚育过程，是父母自身成长历程的一种折射。如果父母能够用心梳理孩子的教育问题，就能回顾和化解自己成长中出现的问题，就能实现精神生命的第二次发育，再次生长。

过一种幸福完整的教育生活，是家庭教育的根本朝向。"幸福"不仅仅是教育的目标，更是人类的终极目标。幸福教育是幸福人生的基础。新教育实验的理想，就是让人们快乐、自主地学习，真正地享受学习生活，发现自己的天赋与潜能，在和伟大事物遭遇的过程中发现自我、成就自我。教育本来就是增进幸福的重要途径。挑战未知，合作学习，应该是非常幸福的。所以，家庭应该和学校、社区一道，努力创造让孩子幸福成长、快乐学习的环境。把童年还给孩子，把幸福还给家庭，是我们这套教材的核心理念。

"完整"的内涵比较丰富，但最重要的精神就是让孩子成为他自己。现在教育很大的问题，就是用统一的大纲、统一的考试、统一的评价，把本来具有无限发展可能的人变成了单向度的人。我们的教育是补短，就算把所有的短补齐了，也只是把所有的孩子变成一样了，而不是扬每个孩子所长。其实，真正的教育应该扬长避短。人什么时候最幸福？发现自己才华，找到自己值得为之付出一生努力的方向，能够痴迷一件事情，实现自己的梦想，一个人在这时才是最幸福和快乐的。这就是新教育所说的完整幸福。

如今，教育是父母最关注的问题，但家庭教育却在父母的焦虑中常常脱离了正确的轨道。为了"幸福完整"这一目标，我们的父母应该建设一个汇聚美好事物的家庭，自身也应该成为美好的人，从而帮助孩子成为更好的自己。

理念比方法更重要，但并不意味着方法没有价值，相反，只有好的方法才能让好的理念真正落地。因此，我们邀请了知名教育研究机构的相关专家，精心编写了这套新父母系列教材。这是国内第一套从孕期开始直到孩子成为大学生的父母系列读本，希望能够为不同年龄、不同阶段孩子的父母提供蕴藏正确理念的有效家庭教育方法。

父母对孩子的爱，再多也不嫌多。父母如何爱孩子？随着时代的变迁，方法也在不断改变。如何才能更好地爱？我们以"智慧爱"的理念，探索着充满智慧的、恰到好处的爱的方法，对此还在不断研究之中，这套书也会不断修订。希望广大父母读者及时提出意见与建议，让我们一起完善这套书，让我们对自己、对孩子、对世界，都能爱得刚刚好。

朱永新

2017年6月16日写于北京滴石斋

目录

第 一 章

幸福人生的主人公——
"分水岭"上的少男少女

1

1. "分水岭"上的八年级孩子

八年级孩子正步入青春期，将经历第二次生长发育高峰，其生理发育和心理发展急剧变化。这一过程充满成熟与幼稚、独立意向与生活经验不足的矛盾性，孩子自我意识显著增强，学习上出现明显的分化，情感态度和性格特征也发生重大变化。

父母要做好准备，迎接这个既强烈渴望独立自主又需要支持的少年。父母既要尊重孩子独立的权利，又要给予有效的指引，才能帮孩子顺利度过起伏跌宕、影响深远的"分水岭"时期。

出现了独特的"八年级现象"

"七年级不分上下，八年级两极分化，九年级天上地下。"八年级孩子的确越来越让人费神了：一直沟通良好的孩子，突然什么也不说了；原本脾气温和的孩子，变得经常顶嘴发脾气了；原来成绩很好的孩子，现在成绩开始下滑了；一向积极配合的孩子，开始有对抗情绪和破坏行为了；原来阳光、自信的孩子，出现了自卑、抑郁等问题……

八年级的孩子在思想品德、学习成绩以及个人能力等方面都出现两极分化的趋势，也面临不少令人苦恼困惑的情况。这是最为变化动荡的时期，是矛盾与纠纷最多的时期，是孩子发展的"危险期"，自然也是教育的关键期。

青少年心理问题专家、北京师范大学心理学院院长许燕教授解释"八年级现象"时说，八年级是"事故多发的危险阶段"，是"思想道德的分水岭、学习成绩的分水岭、能力培养的分水岭"，是"一道坎儿"。八年级是成长路上的必经阶段，只有得到合理引导和支持，孩子才会顺利度过这个发展关键期。

独立自主的意愿越来越强

处于"心理断乳期"的八年级孩子最主要的表现就是独立自主的愿望越来越强烈，希望充分展示个性并保守自己的秘密。此阶段，孩子的自我意识已经比较明显，希望通过外表的变化来吸引外界的关注。如果父母还把他们当小孩子来看待，他们可能会产生厌烦和反抗心理。但是如果能得到尊重和接纳，他们会更愿意与父母沟通，并采取适当的行为。

八年级孩子的头脑中总会"蹦"出很多奇特的想法，如果父母一味否定拒绝，他们反而会更加坚持。但父母若能先心平气和地听取孩子的想法，再交流沟通，一起做出分析，孩子会认识到自己想法的合理性或不合理性，并做出恰当的取舍。

"心理断乳期"是孩子从幼稚走向成熟的转折时期，最早由美国心理学家霍林沃斯提出。在此阶段，孩子从心理上依附于父母，到出现独立意向，反映了少年儿童心理上的进步。八年级的孩子正处在"心理断乳期"，一方面急于自主、独立，总觉得对父母的依从是一种压力和束缚，因此常有反抗的表示；另一方面，仍有很大的依从性，不论在经济上还是在情感上，都不能摆脱对父母的依赖，当遇到困难时，又非常期待父母的帮助和安慰。

情感上仍有强烈的依赖性

八年级孩子虽然独立意愿开始凸显，但由于缺乏社会经验和生活阅历，经济也不能独立，对父母还是有强烈的依赖性。

八年级孩子情感需求强烈，但并未受到应有的重视。父母最关心的还是日常学习、习惯养成、健康安全，情绪情感被忽视。不少父母未能及时满足子女变化了的需求。

同时，八年级孩子的家庭中普遍存在着不同程度的亲子冲突，亲子关系越来越紧张。究其原因，一方面是孩子有内在的矛盾性，"独立性"和"依赖性"两种矛盾心理并存，且情绪情感较易波动；另一方面是由于父母对孩子的变化不理解，或对自己角色定位不合理，教育方式不适当。

亲子冲突是孩子在认知水平发展和个性社会化发展中产生的现

象。这既是对亲子关系转换的一次挑战，也是促进孩子成长的契机。父母察觉孩子的需求变化并做出相应调整，建立起和谐融洽的亲子关系，是帮助孩子顺利度过八年级"动荡期"的关键。

同辈交往地位越来越重要

中国教育科学研究院曾对两万余个初中生家庭进行过调查，结果表明，初中生愿意向父母倾诉心事的比例在15%以下，而跟同学或朋友交流心事的比例在48%以上，其中八年级的比例明显高于七年级。

这预示着孩子的"重要他人"发生了变化，这也是孩子走向独立的重要标志。他们越来越热衷于同伴交往，并倾注越来越多的情感。然而，父母与子女的择友观存在着很大差别。父母更关心朋友的学习成绩和品行，而忽视孩子们性情的一致性；孩子则更渴望深层次的沟通，注重情感的分享与共鸣、解决问题式的探讨和价值观的探索。因此，父母不仅要承认自身权威下降，还应适度放手，支持并帮助孩子拓展交往范围。

设定"暂停键"

面对孩子的困难和压力，多数父母愿意及时关注，提供指导。

但父母的好意有时被"当成驴肝肺"，造成了更多的不愉快。这是为什么呢？因为父母没有充分了解孩子的心态。

有调查发现，孩子面临心理压力或负面情绪的时候，并不希望父母第一时间伸出援手，而是更希望父母将自己视为独立个体，给予独立思考和解决问题的机会。但现实生活中当孩子不开心时，父母做得最多的往往是"耐心开导"，而非"让其自己慢慢消化"。

因此，当孩子面对困难，父母想去问询时，请先设定一个"暂停键"——别急！先观察一下，评估孩子的情绪状况。如不太严重，可先不过问，继续关注；如比较严重，先表达关注，再征求孩子意见，问是否需要您的帮助。

父母可以这样说："你今天看起来有点不开心啊！如果需要交流，随时到妈妈/爸爸这里来。"如果孩子暂时不需要，您可以拍拍孩子的肩膀、后背，或给孩子一个轻轻的拥抱。这是用肢体语言传递出父母的爱和关心、信任和支持。随后继续保持关注。

给孩子独立解决压力和情绪问题的机会，既可提升孩子调适压力的能力，也能使其建立自信。如果孩子需要父母的指导和帮助，父母就用有效的方式和孩子进行沟通交流。

界定"责任人"

孩子交新朋友了，父母会怎么做呢？是先问问家庭背景、学习成绩和人品，还是了解他们的爱好兴趣和个性？在涉及孩子的事务中，父母该如何区分哪些是孩子的责任，哪些是父母的责任，如何让孩子担负起他该承担的责任呢？

　　父母可以运用界定"责任人"的方法来和孩子一起建立界限，即把孩子需要处理的事情，根据责任人进行区隔。然后与孩子讨论：出现的问题是孩子的问题、父母的问题、亲子共同的问题还是外界的问题？解决问题和做出决定是谁的责任？区分得越清晰细致，彼此越容易达成一致。孩子在成长过程中要承担起越来越多的责任，而实际生活中，父母往往把孩子的责任当作自己的责任，父母和孩子也经常把共同责任或外界责任归结得不清楚。判断"责任人"的过程也是增强判断能力、选择能力的过程，是亲子共同成长的过程。

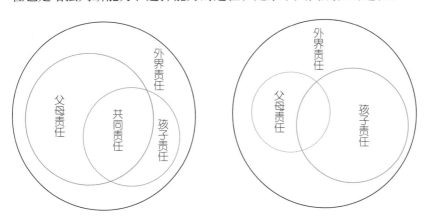

注重双向沟通，学习"双赢选择"

　　与八年级孩子的沟通可能充满了挑战和冲突。请想一想：父母和孩子沟通时，到底有几个人在沟通？六个人！因为有三个"父母"和三个"孩子"：父母以为的"父母"，孩子以为的"父母"，真正的"父母"；孩子以为的"孩子"，父母以为的"孩子"，真正的"孩子"。人与人之间的沟通本质上就是复杂的、矛盾的，因为搞不清楚到底谁和谁正在沟通！

值得注意的是，我们在沟通中的许多想法、讲法、做法，大多不是发自内心的。想想看：父母是否经常在沟通中没有表达出自己真正的想法？是否觉得孩子曲解了自己的想法和动机，感到"对方不理解我"？所以，请父母感知到那个真正的自己，充满诚意地去了解真正的"孩子"。

不少父母总是说太多，说不停，希望说服孩子。而这种"单向沟通"方式往往导致双方立场对立，更好的方法应该是采取"双向沟通"。先问问题，仔细倾听而不评判，充分了解孩子的想法后，与之达成共识，做出"双赢选择"，取得双方都想要的结果。真正的沟通不是为了证明自己正确，也不是为了掌控孩子的行为，而是双方充满诚意地相互倾诉、相互学习。

2. 开始彰显自我独特性

　　青春期是个体自我意识发展最迅猛的时期。每个人都是独特的个体，有独特的发展轨迹，在体貌特征、家庭背景、生活方式、兴趣爱好等方面都有很大的差异。对自己独特性的认同和接纳既是完整自我意识形成的基础，也是自尊自信树立的基础。进入八年级，孩子会日益彰显出个体的独特性。

　　个体差异的重要性，从教育家李维斯的著名寓言故事《动物学校》中可见一斑：

　　有一天，动物们决定设立学校，教育下一代应付未来的挑战。学校设定的课程包括飞行、跑步、游泳及爬树的本领，为方便管理，所有动物一律要修全部课程。

　　鸭子游泳技术一流，飞行课的成绩也不错，可是跑步就无计可施。为了补救，他课余加强练习，到最后磨坏了脚掌，游泳成绩也变得平庸。兔子在跑步课上名列前茅，可是对游泳一筹莫展，甚至精神崩溃。松鼠爬树最拿手，可是飞行课的老师一定要他从地面起飞，不准从树顶下降，弄得他神经紧张，肌肉抽搐，最后爬树得丙，跑步更只有丁等。老鹰是个问题儿童，必须严加管教。在爬树课上他第一个到达树顶，可是他坚持用自己最拿手的方式，不理会老师的要求。另一边地鼠为抗议学校未把掘地打洞设为必修课而集体抗议，并且决定与土拨鼠合作另设学校。

理解并尊重孩子在身体、情绪、智能、气质与个性等各方面的独特性和差异性，欣赏孩子的独特性和差异性，从而促进孩子的自我发展。

每个孩子擅长的学习方式不同

进入八年级，学业任务越来越繁重，父母和孩子也都更加关注课业学习，希望改善学习方法，提高学习效率。不过，每个孩子喜欢用的或擅长用的学习方式有所不同。传统教育中一直比较强调学生逻辑—数学和语言（主要是读和写）两方面智能的发展，但这并不是人类智能的全部。

美国教育家、心理学家霍华德·加德纳教授提出的"多元智能理论"，对当代教育影响巨大。"多元智能理论"提出，不同的人会有不同的智能组合。例如，建筑师及雕塑家的空间感（空间智能）比较强，运动员和芭蕾舞演员的身体协调能力（身体运动智能）较好，哲学家的内省智能较强，等等。

不同智能类型所擅长的学习方式不同，每一种都不比另一种更有效，只是不同而已。父母也许擅长逻辑与数学，孩子也许擅长人际交往；父母可能通过自己阅读思考就能达到很好的学习效果，而孩子则可能是在与他人的交流互动中学习效果更佳。如果用最擅长的方式来学习，孩子会取得更好的学习效果。

小贴士

美国心理学家霍华德·加德纳教授提出"多元智能理论"，把智能分为七个范畴：（1）语言：通过阅读、写作和讲故事来学习；（2）逻辑—数学：通过逻辑、范例、类别和关系来学习；（3）身体与运动感觉：通过身体感觉、触摸来学习；（4）空间：通过形象和图画来学习；（5）音乐：通过声音和节奏来学习；（6）人际：通过与别人的互动和交流来学习；（7）内省：通过自身的感受来学习。后来，加德纳教授又增加了自然探索和存在两个范畴。

每个孩子看待事物的方式不同

孩子小时候经常向父母请教各种问题，对父母的见解也非常接受认可，甚至钦佩；但是，现在孩子看待人和事物的观点却往往与父母大相径庭，对父母的看法甚至不以为然。

究其原因，一方面，是孩子想彰显自己的独立性，有意无意地表现出自己的与众不同；另一方面，的确源于孩子与父母看待世界的方式不同，他对自己、他人和生活都有着不同的看法。而看待事物方式的不同，伴随着孩子的阅历增加和能力提升，在现在这个阶段表现得尤为突出。父母一旦了解到，孩子会以不同的方式看待世界，自己和孩子的看法可能都是对的，就会增强对彼此不同观点的理解和尊重。

小贴士

所谓思维定势，就是按照积累的思维活动经验教训和已有的思维规律，在反复使用中所形成的比较稳定的、定型化了的思维路线、方式、程序和模式。从广义上讲，就是我们"看"世界的方法，主要指我们的感知、理解和诠释。

每个孩子的气质和性格特点不同

在自我意识逐步整合的阶段，八年级的孩子对自己的认识会不断深入，对自身与他人之间的差异性以及自身各种不同观念的矛盾也会产生很多的困惑。他们会产生想要了解自我的强烈的好奇心与浓厚的兴趣。孩子会逐渐发现，自己与他人有着惊人的差异，这种差异会形成独特的气质类型和个性特点。

对孩子而言，他要认识到"每个人是与众不同的、独一无二的"。"独特的个体"意味着，即使是同一个家庭出生的孩子，也一样是彼此不同的独特的个体；即使是双胞胎兄弟姐妹，每个人仍是独一无二的。

每个人都是独特的个体。除了先天的智能类型和后天成长经历形成的思维定势不同，每个孩子的气质类型和性格特点也是千差万别、独一无二的。

经常听到父母有这样的说法，"孩子要是更外向一些就好了"，"他就那么大大咧咧，要是再细致些就好了"。还有父母会问，哪种性格最好呢？这其实是个"伪命题"，就如同问"橙子好吃还是西瓜好吃"。哪种气质和性格特点都不比其他的更好或更差，只是各不相同而已。

发现并接受孩子的独特性

孩子在形成自我认知之初，对自己往往很难有清晰的、完整的认识，因此可以借助特定的问卷工具发现自己的独特之处。父母和孩子可以各填写一份，这样有助于发现彼此的差异性，也更能体会到各自的独特性。

"发现独特性"问卷

请填写下列问卷，发现自己的长处，找到自己的独特之处！

1. 朋友和家人给我起的绰号是_____

2. 如果我有属于自己的一整天时间，我喜欢_____

3. 我成天挂在嘴边的一个词是_____

4. 最能让我捧腹大笑的电影是_____

5. 我长得最漂亮的部位是_____

6. 我有一个不为人知的特点，那就是_____

7. 我最喜欢的音乐家或音乐团队是_____

8. 我最好的朋友，认为我最大的优点是_____

9. 当我做白日梦的时候，我想的是_____

10. 我最擅长的科目和我最不擅长的科目分别是_____

11. 我度过的最愉快的假期和最糟糕的假期分别是_____

12. 我关于家庭的最美好的记忆是_____

此外，利用特定的心理测试，也可以帮助父母更好地了解孩子的个性特征，并逐步寻求适合自己孩子的养育方法。例如，审视一下个人的总体个性特征（见下页表格）。

父母先请孩子自己填写问卷。在最吻合的空格中填"4"，在次吻合的空格中填"3"，给剩下的词语描述"2"和"1"（参阅例表），并加出每一栏的总分。

例表：

| 富有想象力 | 2 | 勤于探究 | 4 | 实事求是 | 1 | 善于分析 | 3 |

然后，父母就下表中关于孩子的这些问题打分，并得出总分。父母与孩子可以讨论一下各自打分中相同的地方和不同的地方。

第一栏 葡萄	第二栏 橙子	第三栏 香蕉	第四栏 西瓜
富有想象力	勤于探究	实事求是	善于分析
适应力强	爱询问	有条理	爱批判
举一反三	富有创造力	直截了当	爱辩论
有个性	敢于冒险	踏实	学究气
灵活	善于发明	办事精准	系统性
与人分享	独立	有条不紊	通情达理
合作	富有竞争力	完美主义者	逻辑
感觉敏锐	自律	苦干	智力
情感关系	善于解决问题	善于规划	精于阅读
联盟	原创	记忆	考虑周到
自然	改革者	需要指导	评判者
交流	发现	谨慎	推理
体贴	挑战	演练	审查
感受	实验	行动	思考
总分	总分	总分	总分

每一栏都对应特定的一种水果，分别代表不同个性特征的类型。

哪一栏得分最高，就代表测试者属于哪一栏对应的水果类型。具体各类型个性特征如下表所示：

类型	葡萄	橙子	香蕉	西瓜
与生俱来的能力	善于反思；感觉敏锐；办事灵活；富有创造力；倾向于群体工作	独立；好奇心强；探索不同途径；勇于变革	善于规划；搜寻事实；组织性强；服从指导	对各种观点展开辩论；善于找到解决办法；分析各种想法；决定价值或重要性
在以下时候学习效果最好	可以和别人合作并共享；劳逸结合；可以交流；没有竞争的环境	能利用试错法；产生真正的成果；有竞争的环境；自我指导	在有条理的环境中；有特定的成果；能放心让别人去履行责任；处在可预料的环境中	能得到各种资源；能独立工作；由于智力才干受到尊重；遵循传统方法
可能难以做到	给出准确的回答；专注于一件事	满足时间限制的要求；听从教导；适应没有多少选择余地的情况	理解别人的感受；应对反对意见；回答"如果……怎么办"的问题	参加群体工作；接受批评；婉转地说服别人
为了拓展风格，需要做到	更多地关注细节；不要匆忙行事；在做决定时不要感情用事	委托一些责任给他人；更多地接受别人的想法；学会分清轻重缓急	更多地表达自己感受；摆脱僵化；听取别人解释	接受缺陷；考虑所有的可选方案；顾及别人的感受

通过这种有趣的测试，既可帮孩子了解自己的性格特点，也可增进父母与孩子间的了解，更有利于加强父母对孩子独特性的尊重和接受。需要注意的是，各类测试只是作为了解自己的参考，不可

作为定论"贴标签"，因为人的思想性格是非常复杂的，也是在不断发展变化的，测试不可能完整、准确地反映出每个人的特点。

不要和别的孩子比较

有的父母习惯于把自己的孩子和别的孩子比较，而且什么都比：个子比高矮，做事儿比快慢，学习比好坏。实际上，无论如何，孩子都不喜欢被比较。因为比较暗含的前提就是"你做得好就会被接受，你做得不好就不被接受"。但是，只有在被无条件接纳和爱的前提下，孩子才能拥有充分的安全感和自信心，才能尽情地展示独一无二的自我。比较给孩子带来的往往不是激励，而是打击。

3. 进入形成自我同一性的关键时期

上八年级的林林曾是班上"最捣蛋"的学生，他经常损坏成绩好的同学的东西。幸运的是，班主任方老师经验丰富，深谙青少年的心理。他慢慢发现，林林这么做是因为内心对学习好的同学既羡慕又嫉妒，便破坏他们的东西发泄内心的失落感。

方老师与他交流时谈道："你破坏他们的东西，是因为你也想成为学习好的学生呀，只不过你误解了自己内心的需求。"林林在方老师引导下，审视清楚了自己内心的想法和感受，发现自己的确很想成为好学生中的一员。他有了正确的自我认知，一步步努力进步，终于步入了"好学生"的行列。

方老师说："无论孩子的外在表现多么恶劣，内心深处都隐藏着很强的上进心，都希望成为更好的自己。"他正是看到林林内心希望上进的那个"自我"，才能够帮助他不断努力，实现了关键性的自我成长。

希腊哲学家苏格拉底说要"认识你自己"。现代心理学认为，自我意识的发展会影响到个体发展的方方面面，并影响到人生的各个时期。一个人的"自我意识"即"我是什么样的人"，会很大程度地影响到事实上"成为什么样的人"。

小贴士

自我意识是对自己身心活动的觉察，即自己对自己的认识，具体包括认识自己的生理状况（如身高、体重、体态等），心理特征（如兴趣、能力、气质、性格等），以及自己与他人的关系（如自己与周围人相处的关系、自己在集体中的位置与作用等）。自我意识具有意识性、社会性、能动性、同一性等特点。健全的自我意识是心理健康的重要标志。

努力获得自我同一性

心理学家埃里克森把自我意识的形成和发展过程划分为八个阶段。在心理发展的每个阶段都存在一项核心的心理任务，也是一种心理危机或冲突。发展顺利形成积极的心理品质，发展不顺则形成消极的心理品质。

孩子从初中到高中阶段的青春期（12—18岁）的核心问题是自我意识的确定和自我角色的形成，孩子青春期的任务是获得自我同一性和克服自我角色混乱的冲突。八年级孩子恰恰处于青春期的中间时段，正是形成自我意识最为关键的时期，他们会更加积极主动地探索自我。

八年级孩子经常考虑自己到底是怎样一个人，也从别人对自己的态度中，从自己扮演的各种社会角色中，逐渐认清自己。同时，他们开始认识自己与他人的相同与不同之处，认识自己的现在与未来在社会生活中的关系，对自己的过去、现在和将来产生一种内在连续性认识。其中认识和接纳自我的独特性属于自我意识发展的重要部分。

自我认知有明显的动态性

"我是什么样的人？"这个问题的答案在孩子心中是不断变化的。因为孩子自身的特点在变化，对自身特点的认知水平也在变化。

每个人的自我认知是不断发展变化并逐渐丰富完善的。孩子的自我认知是先从生理特征等物质自我开始，逐步到内在的个性特征、心理品质，到家庭和社会角色的社会自我，再到精神自我。这是不断螺旋式上升的过程。

八年级孩子的自我认知处于重大的调整变化时期。孩子的身体特征、心理感受、外在环境都有巨大变化，面临更多的挑战和困难，孩子对自我的认知、体验和评价会出现矛盾混乱的状态。

由于自我调节的能力有限，孩子在应对各种问题的时候，可能对自我产生不同的认识和评价。例如，有的孩子运动能力增强，进入运动队，被老师重视，又受到同学钦佩，因此对自我产生了信心，对未来产生了远大抱负，并且会对自己提出严格的要求，不断地进行自我监督、自我反省与自我控制，以达到自我完善。再如，有的孩子在小学时表现优秀，认为自己很聪明，但到了中学，努力一年后还是无法形成自身优势，会降低自我评价，产生自卑心理。如果没有及时得到足够的支持，可能会放弃努力而自暴自弃。

八年级孩子的自我评价会有比较大的波动性和矛盾性。这时候，他们更需要父母的理解和尊重，需要父母及时地伸出援助之手，帮他们更加准确清晰地认识自我，更加积极正向地发展自我。

自我认知的形成具有社会性

父母一般认为孩子可能不够勤奋，而孩子总是认为自己很勤奋。孩子可能说："我已经尽力了。"但妈妈说："总是拖拖拉拉，时间都耽误了。"爸爸可能说："10点睡觉已经很晚了，你已经很用功了，早点休息吧！"孩子却说："不行啊，我们老师说，班里的××同学都是学到11点呢。"

在许多方面，孩子的自我认知和父母对孩子的认知不一致。事实上，很多心理特点或品质都是社会性的，例如勤奋。也就是说，许多自我评价是在群体中比较后得出的位置和状态。比如，5点起床的可能比7点起床的勤奋，而4点起床的可能又比5点起床的勤奋。

孩子对自我的认知也是在与环境的互动过程中形成的。理解了自我认知的社会性，我们才能做出适当的自我认知。父母要特别注重孩子自我认知的动态性和社会性。

"乔韩窗口理论"：探知自我，发现真我

形成全面客观、准确清晰的自我认知是非常重要的，但也是非常不容易的。美国心理学家约瑟夫·勒夫特和哈林顿·英厄姆提出

的"乔韩窗口理论"可以帮助我们了解自己。

"乔韩窗口理论"认为，每个人的自我可以分为四个部分：盲目的自我、秘密的自我、公开的自我和未知的自我。第一，盲目的自我，别人看得很清楚，自己却不了解。第二，秘密的自我，是自己了解但别人不了解的部分。第三，公开的自我，这部分自己很了解，别人也很了解。第四，未知的自我，别人不了解，自己也不了解的自己。其中，"公开的自我"容易被察觉到，其他三个方面的自我则需要借助一些方法帮助我们去了解。

通过调查发现"盲目的自我"

谁能了解我们所不了解的自己呢？周围的亲人、同学、朋友可能在某些方面比我们更了解自己。

我们可以和孩子一起试试这个方法。建议先自己来测试一下。选择 20 到 30 位朋友，一对一地邀请他们给出对自己的评价："我在参加一个心理学习和测试，请用三个关键词评价我，非常感谢！"邀请给予反馈的人尽可能选择不同类型、不同圈子里的朋友。当然，也要邀请孩子给予反馈。试试看，我们会发现怎样的自我。

把反馈结果与孩子分享一下，请孩子也做一次测试。不过，孩子得到的反馈结果要根据他自己的意愿来决定是否分享。即使孩子没有分享，他对自己的认知也会有很大的提升。如果孩子帮助同学发现"盲目的自我"，也会很有趣的。

通过反省找出"秘密的自我"

每个人都有自己的秘密。孩子进入纷繁复杂的八年级，更是增加了许多小秘密。这部分自我是不愿意被人知道的，或是自己不能接受的，那怎么把它挖出来呢？

下面这个方法父母可以自己使用，之后建议孩子使用。同样，是否彼此分享，取决于孩子的意愿。在纸上，用 10 分钟写下 20 句"我有……不为人知的一面"，想到什么写什么。写完后藏好，用 3 天的时间对照观察自己的言行。

3 天后，删掉 20 句中最不符合的 10 句，换 10 句新的自我评价。3 天后，再换 10 句。再过 3 天后，挑出最符合自己言行的 5 句。这就是我们的"秘密的自我"。

这个方法可以定期或不定期地继续使用，它有助于孩子更深入地了解自己。即使孩子写出来的内容不与任何人交流，只是自我探索的过程，那也对孩子的心理健康发展有很大的益处。

通过测评了解"未知的自我"

"未知的自我"是别人不知道、自己也不知道的自己。了解这部分的自我，可以借助一些专业测评工具和专业机构。

了解"未知的自我"不是一蹴而就的事情，父母需要明确的是，虽然要尽可能多地了解自己，但自我永远都有很多未知的部分，不可能也不需要完全了解。

需要特别注意以下两点：第一，如果做测试，不要在网上随便找题，一定要去专业机构测试；第二，测试结果仅可作为参考，绝不可以作为定论或"标签"，因为自我意识中的大部分，包括能力和性格，都是会发展变化的。

回顾与思考

1. 如何看待和理解"八年级现象"？

2. 根据你的观察，孩子比较擅长什么样的学习方式？

3. 观察一下，孩子对自己的认知是什么样的？

4. 利用"乔韩窗口理论"分析一下，你对了解自己和孩子有什么新的发现？

2

幸福人生的守护者——
领航家庭成长的父母

1. 父母是家庭天然的领导者

父母，是家里的领导。怎样做好家庭领导者的角色，以更有利于孩子健康成长呢？父母起着巨大的榜样作用，有些父母自身优秀，但孩子却不听从他们的建议和意见。有位优秀的父亲曾经和女儿谈了好几个小时，想把自己的智慧和经验告诉孩子，结果女儿却说："爸爸就想教育我，他根本不想了解我。"

好的关系胜过好的教育。孩子在感到父母真心关爱自己之前，不会对父母完全敞开心扉。孩子会更多地根据自己所看到的和感觉到的——而不是所听到的——来做判断。除了做好榜样、建立良好关系，好的家庭领导者还需要承担什么样的角色呢？

为人父母是独一无二的职责

父母的角色是独一无二的、不可替代的。父母对孩子的发展有不可或缺的作用，亲子关系对身为父母者本身也有重大影响。

很多父母意识到要重视孩子，但实际生活中却常常选择工作优先或其他事务优先。一位事业非常成功的男士说："我真的感受不到生活的快乐。我现在是一家跨国公司的管理者，但是我最常想到的是孩子上学的时候。那时候，我没怎么和孩子在一起过，即使在一起，心和脑子也在别的地方。我们之间从来没有过紧密的联系，孩子们也感到极大的失落。我爬上了成功的阶梯，但我却发现梯子放的不是地方。"多年来，父母角色都不是他的首要角色，他失去了许多与家人在一起的珍贵体验，也错失了家人彼此给予的情感滋养。

也有一些繁忙的父母意识到问题并进行了调整。一对工作都十分繁忙的夫妻发现，长期的加班让他们错过了孩子成长的许多重要经历，孩子与他们越来越疏远。于是，他们做出了艰难的选择：父亲周末不再加班，母亲换了离家近的工作，他们留出时间陪伴孩子。虽然收入减少，要缩减开支，但一家人多了交流和关爱，他们的生活更加快乐充实。

父母承担着榜样、导师、组织者和教育者四种角色

作为家庭天然的领导者，父母必然扮演四种角色：榜样，导师，组织者和教育者。做好榜样，父母要努力践行希望孩子遵循的价值观和行为准则；做好导师，父母要拥有足够的智慧和爱，能够与子女建立良好的亲子关系；做好组织者，父母要能组织管理好家庭活动，在家庭活动中加强情感交流，营造温馨氛围，让家庭成员得到成长发展；做好教育者，父母要配合学校教育，加强对子女道德情操和行为习惯的培养。

很多父母常犯的错误是将自身角色单一化、简单化。有的父母认为只要做好榜样，孩子自然会效仿自己；有的父母重视做好导师，以为有爱和良好的关系就已足够；有的父母重视组织管理，但缺乏温暖和情感；有的父母认为只要告知孩子正确理念就会产生教育作用，把践行的责任全推给了孩子。

实际上，对优秀的父母来说，这四种角色都是不可或缺的。孩子不仅需要看到和听到，也需要感觉到和体验到，否则他们不会真正健康快乐地成长。

对处于自我同一性发展关键期的八年级孩子，父母正确恰当地扮演好这四种角色，才能更有助于他们从自身复杂甚至混乱的价值观念和情绪体验中获得稳定的发展。

四种角色相互影响、共同完善

通过榜样、导师、组织者和教育者的引导作用，父母成为家庭内部和外部关系的创造力。这种能力像指南针一样，指引着家庭向既定目标前进。这四种角色的完善可以给父母和孩子的生活都带来飞跃式成长。

榜样在本质上是精神层面的，它影响着孩子内在的价值体系和精神境界。孩子看到父母的榜样作用，既能够信任父母，又能够建立正确的人生观、价值观。而导师则涉及人际关系层面，通过父母的导师作用建立起良好的亲子关系，孩子能够体会到尊重、理解、关爱和协作。

孩子在父母组织的活动中体验到秩序，才能建立起自己独立的意识和对社会的初步认识。有的父母跟孩子有良好的关系，但是总是没有时间组织与孩子聚在一起的活动，也不重视亲子时光的质量，那么亲子关系就会被侵蚀。教育者是对父母角色的最本质的诠释和定位，其他角色都是以教育者为基础的延展。

一个成长的父母会不断完善自己欠缺的部分。优秀的父母通过榜样作用创造可信赖的关系，通过导师作用维系良好的亲子关系，通过组织作用建立规则秩序，通过教育作用赋予孩子想象力和解决问题的能力。

重视四种角色的正确顺序和持续性

父母承担的四种角色的顺序至关重要。榜样、导师、组织者和教育者的内在顺序代表了一种由内而外的发展过程，就像树木的根部给其他部分带来养分一样，父母的榜样作用会给亲子关系、给组织家庭活动、给父母教育机会带来生机与活力。

如果没有信任和良好的关系，孩子就无法接受父母作为组织者和教育者施加的影响力。特别是独立意识强烈的八年级孩子，强制他们接受管教几乎是不可能的。

父母常犯的错误还有把完成某个角色的扮演看成是一个事件，一旦完成了一次角色的扮演，就觉得没必要再做类似的事情了。然而事实上，榜样、导师、组织者和教育者这四种角色，必须持续不断地发挥应有的作用。

给予无条件的爱的承诺

没有什么能代替父母和孩子之间的特殊关系，其他的照料者和养育者再尽心尽责也不能代替父母在孩子心里的位置。生育孩子，父母就是做出了不言自明地爱与养育的承诺，这个承诺贯穿孩子的一生。

父母要让孩子知道："我对你的爱的承诺不取决于你的行为态度，或你对我的承诺，而是完全无条件的、永不改变的。我对你永远不离不弃，不管你怎样，我都会真诚对你。我希望你知道这些，并且通过我的话语和行为来感受到这些。"

如果父母不愿承担责任，背离了爱的承诺，孩子感到父母的冷漠或拒绝，他们的内心会受到很大的伤害。不少父母常犯的错误不是不想爱孩子，而是他们没有让孩子感受到无条件的爱。只有在付出无条件的爱的基础上，父母才可能真正教育和影响孩子。父母每次想要教育孩子的时候，先问一下自己：我让他感受到足够的无条件的爱了吗？要让无条件爱的承诺不停地重现，体现在自己每一天的生活中。

反思自己的价值观，成为积极榜样

父母为孩子准备生活的脚本，孩子会把父母所提供的榜样——不管是正面的还是负面的——作为他们将来生活方式的模板。

　　父母的所作所为比所有的话语都更具有影响力。不管父母是否对此有所认识，不管是否愿意施加自己的影响，不管掩饰的技术多么高超娴熟，都无法隐藏或掩饰内心深处的自我，父母的真正需求、价值观和信仰都会源源不断地显现出来，孩子完全可以感受得到。父母的弱点也会投射到孩子的身上。父母需要反思自己、叩问自己以下的核心问题：

我是什么样的人？什么才是我生活的重心？什么是家庭的中心？

我要去向何方？如何得到指引的路线？我的生活是如何运行的？

我该如何度过自己的人生？我想寻求什么样的资源，让自己和他人都获得成长？

这种不断的自我反思也是孩子给父母带来的自我成长的机会！

史蒂芬·柯维认为，高效能父母会努力为孩子提供这样一个榜样：一个建立家庭使命宣言并付诸实施的积极进取的人；一个对他人怀着极大的尊敬和爱心的人，是寻求理解别人并被别人理解的人；相信协作的力量，是为持续创新达成共赢而努力的人；一个处于持续不断的革新中的人，包括生理上的自我控制和精力充沛；一个坚持学习、坚持建立良好的人际关系、坚持遵循基本原则的人。

父母可以参照以上榜样来反观自己、提升自己，成为孩子积极的榜样。

规划出每周家庭时间

每个父母都希望家庭充满爱和开心，但如果您没有计划家庭晚餐、共同劳作、度假、看电影、公园野餐等这样全家聚在一起的时间和共同活动，是不能帮助您实现家庭目标的。

父母要每周给家庭留出一段特别的时间，可以称为家庭时间。这段时间是每个人都参与，共同做出决定。家庭成员一起交流思想观念，进行道德品质教育，这是解决问题和享受家庭欢乐的好时机。

家庭时间气氛轻松愉悦的时候，孩子会有一种"被喜爱"的感觉。例如，定期组织一顿家庭晚餐，安排丰富多彩的娱乐活动，让家庭成员能够愉快地度过这段宝贵时光。然而，家庭时间并不一定总是愉快的，有时会有突发或意外的事情发生，因此要精心计划每周家庭时间，不管发生什么，都不要放弃。这给父母和孩子都会带来积极影响。

父母还要和孩子建立一对一的时间。这意味着，父母在这段时间里"完完全全"地属于孩子，要超越自己的兴趣爱好和个人需要，按照孩子的方式，全身心地和孩子在一起。这种一对一的亲子时间，可以带来美妙的情感体验、深刻的教育意义和紧密的纽带联系。

2. 家庭建设是人生的首要之事

有这样的一个电视广告：爸爸正忙得不可开交，桌子上摊满了稿纸。小女儿站在旁边，但爸爸完全没有注意到她，最后她问："爸爸，你在做什么？"爸爸头都没抬地说："宝贝，我在做计划。这纸上都是我要谈话的人的名字，以及我要做的事情。"小女孩犹豫了一会儿，问道："那我的名字也在上面吗？"

这样的故事会让为人父母者深受触动。父母都认为孩子是最重要的人。但审视一下，我们是否经常把给孩子的时间和关注让位于工作、朋友、个人爱好或其他？

尽管 14 岁左右的孩子一般不会问父母"我是否在你们的计划日程表里？"，但他们对父母的情感和精神的需求丝毫不会减少。如果父母更多关注的是自己而非孩子的需求，那就等于放弃了生命中最丰饶、最深刻、最持久的来自亲人之间的幸福感。

家庭文化深刻影响孩子成长

家庭文化是家庭的灵魂。家庭氛围、家庭成员之间的感情共鸣和家庭成员的各种行为方式，都是由内在的家庭共同信仰和价值体系决定的。

家庭生活是每个人一生中最重要的经历。家庭文化在夫妻关系和整个家庭中都非常重要。从建立婚姻关系到孩子出生，再到孩子慢慢长大成人，家庭渐渐发展形成了自身的价值体系，明确地引领或潜移默化地影响家庭成员的成长发展。

孩子进入青春期是家庭经历最强烈考验的时期。八年级往往是孩子心理最容易发生动荡起伏的时期，父母也承受较大压力，家庭可能遭遇比较大的冲击。家庭只有形成正确明晰的价值观念，才可能在这个时期达成对家庭成员，特别是对孩子真正的指引和支持。

携手建立家庭文化的共同价值观

家庭文化的核心价值观有助于父母和孩子顺利度过心理剧烈波动的阶段。史蒂芬·柯维在《高效能家庭的7个习惯》中讲道，家庭文化能够帮助我们对抗那些可能让家庭脱离轨道的强力，包括飞机外的狂风暴雨（如金融危机、突发疾病等不可控制的问题），或者驾驶舱内的骚乱气氛（争论、缺乏沟通，以及批评、抱怨、比较和竞争的不良倾向）。

家庭成员需要共同讨论和践行，再调整和完善家庭文化的共同价值观。利用每周的家庭时间，每个人提出自己的意见，一起经历头脑风暴，讨论以下的话题：

我们希望我们家成为什么样的家庭？

我们家什么地方让你觉得很温暖，哪些方面让你感觉不舒服？

你希望我们怎样做才能成为更好的父母？

在哪些方面我们可以共同有所进步？

…………

值得我们注意的是，首先，不要"宣布"价值观。孩子只有充分理解和认可，才会真正接受和践行共同价值观。其次，不要急于求成，给予孩子足够的时间和耐心。探讨的过程和结果一样重要，这样深入的积极参与、互相倾听、共同努力，本身就是秉持了尊重、理解、包容、信任的价值观原则。再次，注重细节，讲究实效。只有把价值观贯穿到家庭生活的种种细节中，渗透到日复一日的日常生活中，我们才能看到家庭文化结出丰硕的果实。

家庭使命宣言促进家庭的健康发展

家庭文化的建设首先要建立"家庭使命宣言",即确立家庭行动的目标、方向和原则。这如同建造房屋之前的蓝图,戏剧演出之前的剧本,飞行之前的航行计划。

家庭使命宣言是每个家庭成员所共有的对家庭目标和原则的综合表述,其中包括希望家庭成为什么样子,想做什么和成为什么样的人,确定实现目标可采取的方法,家庭成员共同选择用来指导家庭生活的原则。它像一块巨大的磁铁,吸引家庭朝着既定方向并沿着轨道前进。

建立家庭使命宣言的重要步骤

第一步,集思广益,充分讨论。夫妻关系是家庭关系中的核心,父母二人先互相探讨,再让孩子一起参与。

第二步,整理记录,达成共识。把家庭所有成员的意见加以提炼,反映出所有人内心的真实想法。不必长篇大论,用简洁明了的语言概括就好。例如,"尊重并接受每个人独特的个性和才干","用理解和耐心解决彼此冲突"。

第三步,践行使命宣言。建立宣言就是探讨我们做人做事的基本原则,认真遵循这些原则可以帮助家庭生活保持正确的航线。

3. 情感关系账户是亲子关系的基石

父母的爱是孩子的安全资源，也是他们被关爱的感觉之源。八年级阶段，亲子之间一般会发生较多的分歧和冲突，彼此间的沟通情况和解决问题的能力在很大程度上取决于亲子关系的品质。

亲子情感关系账户反映着亲子之间信任和爱的关系。如果父母在孩子的情感银行账户中有很高的余额，说明亲子间信任程度很高，彼此相亲相爱，那么即使沟通中偶尔出现些许不愉快，"情感储备"也会做出弥补，并不会影响亲子关系的维系和发展。

情感关系需要不断进行投资

情感关系账户如同银行存款账户，父母可以通过不断的情感投资来建立良好的情感关系。换言之，牢固和健康的情感关系是持续不断的情感投资的结果。作为极其重要的情感关系，亲子关系的维系和发展也同样离不开情感经营和投资。

掌握情感关系账户的投资方式

情感关系账户的"存款"方式有许多种,下面主要介绍其中非常重要的五种。当然,有"存款"就会有"提款",与存款行为相反,提款行为会对情感关系账户带来损耗,给亲子关系造成损害。

"存款"	"提款"
做出承诺,信守承诺	不做承诺,或做了承诺却不遵守
善于倾听,积极回应	不愿倾听,不予回应
平等交流,勇于承认错误	居高临下,无法听取他人意见
宽容,谅解	苛刻,挑剔
提出明确、合理的期望	给出过高或过低期望

"朋友式支持关系"超越"权威式监督关系"

在八年级阶段,与孩子建立朋友式关系是十分重要的。朋友意味着拥有平等的地位,可以互相信任、支持和帮助,这也正是良好亲子关系的理想状态。

在愉悦健康的亲子关系中,"权威式监督关系"必须为"朋友式支持关系"所超越。这个阶段的孩子在成长过程中会遇到很多问题,产生很多疑问,他们渴望从父母那获得理解、安慰和帮助。这种朋友般的支持让孩子能够敞开心扉,尽情向父母倾诉,并乐于听取父母提供的建议和指导。

建立"朋友式支持关系"的基本理念

相关亲子关系的研究提出，建立良好的亲子关系，父母需要具有以下的基本理念：

没有两个人是完全一样的。你能接受孩子与你的不同之处，他才能接受你对他的看法。

一个人无法控制另一个人的思想与行为。孩子有自己的价值观和行为准则，父母明白了孩子的想法，才有机会使其接受你的意见。父母认为是为了孩子好，一定要孩子跟随自己的意愿去做，往往适得其反。

所有行为背后必有其正面的动机。把孩子的行为和动机分开，接受孩子做事的动机，才可以引导其改变行为。

对孩子的教育来自父母的行为和情绪，而不是父母的指令。言语或文字本身不能让孩子产生有学习效果的行为模式或情绪反应，所以教条式的训导起不到良好的教育效果。

"爱"不可以作为筹码。父母对子女无条件的爱是孩子成长过程中信心和活力的源泉，是亲子关系的基础和支柱。

遵循"朋友式支持关系"的基础原则

父母在日常的教育行为中，遵循以下原则，更有利于建立"朋友式支持关系"。

沟通的意义取决于对方的回应。父母说话是否有效果，自己说的不算，而应由孩子的反应决定。

方法得当，孩子就会拥护并追随。父母提供适时的帮助，让孩子有更多的选择，他们会感到轻松和愉悦，自然愿意接受父母的建议。

成长过程是一个学习的过程。孩子从经历的事情中学习，在克服困难中磨炼。如果父母关注孩子在成长中的感悟和进步，他们就会在今后的学习和工作中奋发努力，不断进取；相反，如果把焦点放在孩子的错误和失败上，孩子就会丧失前进的勇气和信心，患得患失，止步不前。

帮助孩子成长，而非代替孩子成长。孩子的自信、自律、自尊都需要从"自己做自己事"中培养出来。

主动谈谈自己的困扰来修复亲密关系

如果与孩子相处没有轻松亲密的感觉，甚至关系比较僵，父母可以试试以下的方法。

找一个双方都比较轻松的时刻，主动与孩子谈谈自己的烦恼琐事。例如，公司里遇到的困难，强调困扰的情绪。孩子开始或许不会有积极的反应，因为他不知道如何是好，或者不理解父母的苦衷。父母要敞开心扉，多尝试几次，减少对孩子造成的压力，孩子最终会接受并开始与父母交谈。

主动对孩子说出内心的困扰，这是邀请孩子做朋友的表示。当这份友谊建立后，孩子有困扰也会主动找父母来倾诉。现今的孩子在心智发育、接受社会影响和吸收资讯等方面都急剧地趋向早熟，这份朋友式的支持关系需要及早建立。

回顾与思考

1. 父母如何给予孩子无条件的爱？

2. 在实际生活中父母应如何建设自己的家庭文化？

3. 父母应采取什么方式与孩子建立"朋友式支持关系"呢？

4. 父母和孩子之间的亲子关系出现问题时，可采用什么办法进行修复呢？

奠定幸福人生的基石——完整的生命教育

1. 拓展生命的长宽高

生命是大自然最为神奇的创造。但是，何谓生命呢？这个关乎人类的根本性问题并没有固定答案，因为人类对生命的内涵不断有新的洞悉和认识。

纵观生命的成长历程，不难发现这样一个基本的逻辑：个体肉身的诞生，是生命的自然事实；人际交往关系的存在，则是生命的社会事实；人类自我意识的觉醒，是生命的精神事实。这三个事实，构成了理解生命的三个基本向度。

因此，"新生命教育"理论把生命理解为具有三重意义上的生命：自然生命、社会生命和精神生命。自然生命之长强调延续存在的时间，社会生命之宽重在丰富当下的经验，精神生命之高则追求历久弥新的品质。长宽高三者的立体构筑，构成了生命这一"容器"的容量。

新生命教育以"过一种幸福完整的教育生活"为核心理念，围绕人的自然生命、社会生命和精神生命展开，旨在引导孩子珍爱生命，积极生活，幸福人生。人的成长，或者说生命教育的意义，就是拓展生命的长宽高，从而让每个生命成为最好的自己。

"生命教育"有广义与狭义两种。狭义的生命教育指的是对生命本身的关注，包括个人与他人的生命，进而扩展到一切自然生命。广义的生命教育是一种全人的教育，它不仅包括对生命的关注，而且包括生存教育、生命安全教育、生命历程教育、生命价值教育等方面。

感受生命的独特性，发展自我意识

随着知识面的不断扩展，生理、心理的迅速成长，八年级孩子更加关注自己独特的内心体验。而感受到自己生命的独特性和珍贵性，正是珍惜生命、热爱生命和成就生命的前提。

"世界上没有两片完全相同的树叶"，更没有两个完全相同的生命。不同的遗传基因、不同的社会经验、不同的心灵感悟，决定也造就了世界上没有两个完全相同的人。生命的独特性造就了世界的多样性和丰富性。世界犹如花园，美在百花齐放；生命犹如鲜花，美在各美其美。而且，每个生命都只有一次，都是独一无二的，这就使生命显得格外珍贵。

孩子们获得恰当的生命教育，接纳和珍视生命的独特性，可以更好地认识生命、理解生命，可以逐步发展出完整的同一的自我意识，逐步成长为更好的自己。

生命安全和身心健康更需要父母支持

八年级孩子精力充沛、情感敏锐，有强烈的自主愿望、旺盛的好奇心和冒险精神。他们在各方面进行丰富多样的探索活动，会遇到更多的现实困境和承受更强的心理挫折感。

与小学和七年级相比，八年级孩子在生命安全和身心健康等方面的需求有所变化，范围更加广泛，特别是心理健康方面，需要父母给予更细致而坚实的支持。与此同时，让孩子牢固树立安全和健康意识，提升自我保护能力，学会珍爱生命，是生命教育的应有之义。

根据"新生命教育"的研究，"安全与健康"领域主要包括六个方面，对于八年级的孩子，要重视以下方面的主题。同时，学校和家庭要根据每个孩子的发展阶段和现实环境关注其他相关主题。

居家安全	校园安全	社会安全	身体健康	心理健康	两性健康
防止燃气泄漏	避免运动伤害	预防交通事故	认识身体疾病	学会适应环境	了解青春发育
学会火灾逃生	注意实验安全	应对自然灾害	学会安全用药	直面困难挫折	学会异性交往
学会安全上网	应对校园暴力	学会应急救护	加强身体锻炼	培养独立能力	克服青春烦恼

在体验中掌握安全知识和技能

孩子在学校教育和日常生活中已经了解到不少安全知识，但只有经过实践体验和针对性练习后，才能熟练掌握技能，才能在危险时刻迅速采取正确的应对行为，起到保护作用。

父母要尽可能用形象生动的方式帮助孩子掌握安全方面的知识和技能，其中包括利用绘画书、游戏、动漫、影视作品、网络资源等多种形式。可以设定相关场景，组织孩子模拟练习自我保护措施；也可利用各种安全教育实践的机会，让孩子体验和练习相应的技能。例如，参加地震馆的抗震训练、职业体验中心的消防安全训练、安全防卫机构的训练等活动。

制作一个"生命安全防卫地图"

尽管父母十分重视孩子的安全和健康，但各种意外的威胁往往是防不胜防的。父母可以和孩子一起商量设计一个"生命安全防卫地图"，列出各种情况下可能遇到的危险及相应的防护措施；还可以建议孩子与同学一起来完善这个"防卫图"，并定期进行调整和完善，补充案例和措施。制作和完善"防卫图"的过程也是一个安全教育的过程。

父母可参考"新生命教育"的相关研究成果来帮助孩子设计"安全防卫地图"。其中"珍爱生命——安全与健康"领域主要包括以下六个方面：在居家安全方面，重点掌握如何防电防火、防盗防抢，以及应对突发事件及确保上网安全；在校园安全方面，重点掌握如何确保游戏和运动安全，防止和应对校园暴力、疾病传染及其他意外；在社会安全方面，重点掌握交通安全、野外安全，学会应对自然灾害、暴力恐怖事件等；在身体健康方面，在了解身体器官、生长发育、疾病危害等基础上，重点掌握营养、运动、治疗等对健康的作用，以及如何使用药物，如何对待吸烟与饮酒等问题；在心理健康方面，在了解情绪、性格、压力等基础上，重点掌握情绪管理、环境适应、压力疏解等方法；在两性健康方面，在了解生命孕育、两性区别、青春发育等基础上，重点掌握正常异性交往、应对异性骚扰、防止两性行为等方法。

利用"母难日"做生命链接

"母难日"就是孩子的生日。在这个特殊的日子里，父母一般会送孩子礼物或组织家人和朋友为孩子庆祝，孩子会很开心，但未必会有深刻的体悟。

孩子的成长既是个体生命成长的过程，也是家庭、家族，乃至于人类延续的过程。在"母难日"，一方面，可以为孩子讲述母亲孕育他的故事，讲述其从呱呱落地的婴儿到蹒跚学步的幼儿、直到青春飞扬的少年的成长故事；另一方面，建议将父母的成长历程、家族的发展历史以故事等形式呈现出来，有条件的还可以用族谱或家族树等方式。

个体的自然生命是有限的、短暂的，只有将个体的生命与家族的生命、民族等群体的生命相链接时，个体的社会生命和精神生命

才能得到丰富和成长。

　　利用"母难日"，或父母亲的生日、祖父母的寿庆、祭祖日等特殊的日子举行特定的仪式，孩子在这个过程中更容易感受到生命和人生的幸福，从而去思考和领悟生命的意义。

2. 尊重死亡才能珍惜生命

2017 年 3 月 12 日，79 岁的台湾知名作家琼瑶发表了一封公开信，表达了选择"尊严死"的意愿。她嘱咐儿子和儿媳，自己无论生什么重病，都不动大手术，不送加护病房，也不需要急救措施，只要没痛苦地死去就好。"生时愿如火花，燃烧到生命最后一刻。死时愿如雪花，飘然落地，化为尘土！"琼瑶这种"珍惜生命，尊重死亡"的生死观深深打动了许多人。

虽然大家都清楚死亡是个体生命必然会到达的终点，但日常生活里人们一般都忌谈死亡。为什么呢？这是因为人们内心对死亡充满恐惧，不谈论它是被动的心理防御。然而，死亡是无法逃避也无法消除的，如果没有正确科学的生死观，就不可能有正确而坚实的人生观和价值观。

正视死亡这个话题，正是为了消除恐惧和焦虑，这不仅仅是孩子的恐惧与焦虑，也是我们成年人自身的恐惧与焦虑。只有树立合理、完整的生死观，才能坦然地面对疾病、衰老和死亡；只有直面死亡，超越死亡，才能更加珍惜生命，热爱生活，创造出生命独特的价值。无论对父母，还是对成长中的孩子，这个话题都特别重要。

有了正确的生死观才能更加珍爱生命

"我是谁？""我为什么活着？""人生的意义是什么？"……这些对生命发问的声音已悄然在青春期的孩子心中回响。然而，当前家庭、学校和社会给予孩子的"生命教育"还远远不够，孩子缺乏对生命和死亡的正确认识，有的孩子在面对巨大压力时甚至采取了自杀等极端行为。

正如华东师范大学教育科学学院朱益明教授所说，当前中小学生自杀事件增多，也在于青少年对生命及其价值的认知不成熟。一方面，中小学生越来越有自我存在感；但另一方面，他们对生命的真正意义的认识并不清晰，对幸福的感受能力在下降，在面对学习和生活压力或外部批评时感觉不到自我价值，对未来感到迷茫，会试图通过自杀等极端方式来进行"对抗"或实现"解放"。

因此，父母要关注孩子作为独立个体的精神需求，培养其健全人格，教会孩子珍爱生命，启发和帮助孩子完整理解生命的意义，积极创造生命的价值。

小贴士

死亡教育是生命教育的一种形式。"死亡教育"关系到如何认识死亡，如何面对死亡，如何看待亲人离去以及处理哀伤情绪，等等。对中小学生开展"死亡教育"可以使他们勇敢地正视生老病死的问题，对死亡形成科学的认识，树立正确的生死观，更加珍惜生命，追求生命的价值和意义。

模糊扭曲的"死亡"认识会误导孩子

孩子从很小的时候开始，就对"死亡"有初步的概念。挚爱的亲人过世，或者喜爱的小动物死去，孩子会感到伤心难过。如果孩子没有得到正确引导，容易对死亡产生错误认知或片面的理解，进而产生负面情绪，影响其一生。比如，对死亡过度恐惧而变得胆小怯懦，或者对死亡不以为意而轻视生命，甚至做出伤害自己的行为。

一位先生讲述，小时候爸爸告诉他："爷爷去了天堂，那里无忧无虑，永远没有麻烦和倒霉，只有无尽的快乐和幸福。"于是，有一次写作业写烦了，他打算某天放学后直接去天堂！有的父母对孩子说去世的人是睡着了。这会让孩子混淆睡觉和死亡两个概念，他们可能一直期待死者醒来，或者会担忧自己睡着死去，从而对睡觉产生恐惧。一位女士说，小时候爸爸去世后，妈妈说："爸爸去了一个遥远的地方，永远也不会回来了。"妈妈这种说法让她以为爸爸还活着却不肯回来，感到自己被遗弃，对爸爸心生怨恨。

接受"死亡"是生命自然进程的一部分

在我们的生活中，每年都有身边人受到过死亡消息的冲击。2016 年中国死亡人口 977 万，死亡率为 7.09‰。如果每位逝者都有 6 位亲人和 10 位相关者，每年受到死亡消息冲击的人就有近 1.6 亿。不管谈论与否，死亡就发生在每个人的身边。孩子同样也通过新闻和现实生活等各种渠道接触着死亡的信息。

真正的"死亡教育"是让孩子感受和理解生老病死是生命的自然进程。每个生命都会经历不同发展阶段,由稚嫩到衰老,然后到死亡。一个人的生命历程就像一颗种子发芽,到长成参天大树,再到干枯衰亡的过程;也像一只小蝴蝶、小虫子、小鸟一样死后被埋进泥土永远也不能出来了。但是,新的种子会萌发、新的小动物会诞生。人类个体的生命都会消失,但是群体的生命会延续,个体生命中最有价值的精神会通过群体生命延续永存。我们虽然无法改变死亡,但可以改变对死亡的态度。

用正确方式告诉孩子"什么是死亡"

从小要明确告诉孩子"死亡是一件很危险的事"。进入青春期后,孩子已经具备相当强的独立思考能力。当孩子提出或遇到关于死亡的问题时,父母要直截了当地回答,不可以似是而非或模糊不清,尽量避免用天堂、地狱之类的传说来对死亡做出解释。

父母可以带孩子去自然博物馆或科技馆,让孩子了解人是如何出生、长大、衰老和死亡的。父母可以告诉孩子死亡是生命自然进程的一部分,不必过于恐惧和忧虑,应平静而理性地接受死亡。此外,还要用科学知识引导孩子以科学的眼光来看待死亡。

父母还可以通过书籍和影视资料帮助孩子体悟和理解死亡与生命的意义。例如,有一本书叫《一片叶子落下来》。这本书讲述了一

片叶子由春天的新绿，到夏天的生机盎然，再到秋天的橙红，最后
枯萎，一直到离开树枝归于大地的过程。通过阅读这样的绘本故事，
自然平和地为孩子解答关于生命的疑问。我们应该像那片叶子一样，
因为自己曾经是树的生命的一部分而感到骄傲！

帮助孩子处理好"告别"的哀伤

如果家里的小动物死了，尤其是长期陪伴孩子一同成长的小动物，孩子一定会很伤心。父母要理解并尊重孩子的想法，与孩子一起讨论如何安葬小动物，或者以什么样的方式去表达哀伤，完成告别。这其中的关键是父母要接纳与尊重孩子的想法和感受，特别是允许孩子表达难过和伤心，给予陪伴、理解和安慰，而不是强行转移注意力或否定孩子的感受。

如果遇到家人去世，父母在处理自己的哀伤情绪时，更要关注到孩子的心理状态，帮助孩子用语言或文字表达出哀伤和思念。例如，有位爸爸在一次意外事件中去世了，留下了母子俩。妈妈安置好爸爸的事情后，对伤心的儿子说："我们给爸爸写一封信，把你的感受和想法都写在里面。写完后我们就放下哀伤，因为我们把爸爸放在心里了，我们可以带着对爸爸的思念继续我们的生活……"逝者已去，我们可以思念，但应慢慢放下哀伤，继续努力生活。面对亲人的离世，这种方式对处理孩子的哀伤会很有帮助。

寻找恰当时机进行生死观的教育

清明带孩子扫墓的时候，或者为家中先人祭祀的时候，同孩子讨论一些祭拜的风俗知识，特别是祭祀先人的礼仪文化，渗透正确的生死观念。父母可以为孩子讲述家族的历史传统，追忆逝者生前的过往以及为后人做出的贡献，让孩子感受到逝者的生命价值，并逐步建立与先人、与群体血脉相连、文化相融的精神联系。

遇到亲人去世时，不要将孩子隔离在外，可以带孩子参加追悼会和葬礼，让其经历向遗体告别等仪式，让孩子感受到生命和死亡的真实性、严肃性。

父母也可以带孩子到比较合适的临终关怀机构，让孩子感受生命自然地走到终点、平静地告别人世的过程。

在这些活动或仪式中，最重要的是父母自身对生命和死亡的态度与观念是正确的，这样传递给孩子的生死观才能是正确的。

回顾与思考

1. 在孩子的安全教育中，父母一般较为重视哪些方面，但忽视了哪些内容？应如何完善？

2. 在孩子熟悉的人离世时，父母应如何与孩子探讨"死亡与生命"这个问题？

3. 为帮助孩子更好地理解生命的独特性价值，父母可以组织什么样的体验活动？

4. 父母怎样利用文学或影视作品给孩子渗透正确的生死观？

4

成就幸福人生的关键——
必备的情绪管理能力

1. 情绪是深层的驱动力

妈妈发现小伟最近脾气变得急躁了，甚至还跟她顶嘴。有一次，他放学回来后一言不发，扔下书包就开始玩电子游戏。妈妈很不高兴，开始数落他。小伟不耐烦地说了一句"你知道什么？你别管我！"，就不再理她了。

这句话让妈妈突然警醒，自己是真的不知道什么事情让孩子有如此强烈的情绪。后来，妈妈了解到，小伟几周前与同学发生了激烈冲突。妈妈开始反省自己忽视了孩子的感受和情绪。

八年级孩子正处于幼稚与成熟并存的人生阶段，生理和心理方面的变化会引发许多情绪困扰，而许多父母对孩子情绪的理解和关注远远不够。情绪情感属于感性范围，其产生完全是在潜意识层面，难以被察觉；关于事情的是非对错属于理性范畴，往往容易意识到。很多行为的深层驱动力来自情绪，情绪中蕴藏着巨大的能量。因此父母要帮助孩子一起体察和调节情绪，找到情绪驱动力，从而调节控制自己的行为。

情绪永远没有错

八年级孩子情绪丰富而强烈，经常会出现各种负面情绪。负面情绪不是错，每种情绪都有其正面价值，或给予一份力量，或指引一个方向。

所有的情绪都是合理的，各种情绪都不能避免。情绪是人类进化过程中形成的最重要的自我保护机制。它是我们生命中不可分割的一部分，一直在观察危险，释放信号，推动行动。此外，情绪也是情感的另一面。没有了情绪，所有美好的情感体验也就无从谈起。

学会和情绪做朋友，各种情绪就会转化成积极情感，推动个人发展成为内在与自我和谐、外在与他人及环境和睦的人。

学习运用情绪的正面价值

情绪传递着各种信号：快乐使人向往美好生活，体验幸福；恐惧使人迅速逃离危险，体验安全；麻木催人振奋，更深刻地体验兴奋；焦虑意味着事情很紧要，但能力和资源不足；悲伤让人从失去中汲取力量，珍惜拥有的；委屈是认为别人没有给予自己应得的，要突破自身的局限性；纠结说明自身定位不清晰，要更多地倾听内心的声音；痛苦意味着要寻找摆脱现状的方法，引导我们改变；等等。

清晰地描述自己的情绪状态，努力探寻情绪的正面意义，不但能转化负面情绪，还能提高自身心理承受能力、抗挫折能力和情绪调控能力。孩子在青春期经历丰富强烈的情绪情感体验，每次情绪产生的时候，正是孩子成长的时机。

引发情绪的是解释的信念

请设想以下场景：你在公园休息，把最心爱的一本书放在长凳上。一个人走过来直接坐在椅子上，把书压坏了。你可能会生气，心里会想："他怎么可以这样随便损坏别人的东西呢！"但突然发现，他原来是个盲人，你心里会说："哦，是盲人，他肯定不知道长凳上放着东西！"那你还会愤怒吗？当然不会。

同样一件事情，但情绪反应截然不同，这是因为对事情的看法不同了！显然，引起消极负面情绪的，不是事件本身，而是对事情的解释和评价，情绪只是信念的外显。改变了信念，就改变了感受；改变了感受，也就改变了行动。

小贴士　理性情绪行为疗法

心理学家埃利斯创立了理性情绪行为疗法。在其情绪 ABC 理论中，A 表示诱发事件；B 表示个体针对此诱发事件产生的一些信念，即对这件事的看法和解释；C 表示个体产生的情绪和行为结果。通常认为，情绪的行为反应 C 是直接由诱发性事件 A 引起的；ABC 理论则指出，人的情绪 C 不是由某一诱发性事件 A 本身引起的，而是由经历了这一事件的人对这一事件的解释和评价 B 所引起的。

制作情绪卡片可明晰情绪状态

一分钟内，我们能想到多少表达情绪的词语？愤怒，开心，沮丧，焦虑……还有吗？提心吊胆，坐立不安，欣喜若狂，胸有成竹……

心理学研究发现，人越能够清晰地标定自己的情绪，情绪管理能力就越强。情绪也分不同级别，如情不自禁、心潮澎湃、百感交集属于激动的不同层次。父母可以带领孩子通过制作情绪卡片，帮助感受情绪的变化，或者平时收集一些情绪词汇放在手边。有情绪时，孩子就念词汇表。当念到和自己情绪吻合的词汇时，就会感到被理解而心情放松。情绪来了就念一念，每念一遍都有助于情绪的疏解和转化。

拆除"情绪地雷"

很多孩子身上隐藏着破坏力巨大的"情绪地雷"，一旦这些"地雷"爆炸，会引发极为消极的感受和行为。如何帮孩子拆除这些"情绪地雷"呢？

按照情绪 ABC 理论，负面情绪来自有意无意的、不理性的信念。例如，一个孩子很希望与某个同学结交，可对方态度很冷淡。这时，他的头脑中开始涌出各种念头："他不愿意理我，是看不起我！大家都不喜欢我！我太失败了！……"这些不理性的想法导致这个孩子产生极其消极的内心感受。本来只是普通的愿望却变成了必须达成的要求，产生了严重的、压迫性的负面情绪。

拆除"情绪地雷"，首先要无条件地接纳自我。承认自己做了错事、蠢事，但自己并非蠢人。其次，无条件地接纳他人。可以不喜欢别人做的事，但不要埋怨他们本人。不随意贴标签，不夸大阻力，不以偏概全。最后，学会坦然接受现实和挫折，并试图用行动进行改变。

学几招应急的情绪自卫术

孩子难免有各种情绪，学习一些情绪自卫术——紧急处理情绪的能力，关键时候能够减少伤害。

情绪失控最主要的特点是突发性和急促性，处理紧急情绪最好的方式就是先慢下来。当情绪即将爆发和面临失控的时候，可以运用以下的方法：

第一种是"倒着和跳着数数"。倒过来数，或者是跳着数这组数字"17，15，13，11"。通过这种方法，可缓解愤怒、紧张的情绪。如果情绪还是没有平复，可重复此方法。

第二种是"自由书写"。不妨这样开头："我现在情绪很糟糕，因为……"尽快把自己的想法和情绪写下来，随着表达的深入，情绪自然会平复下来。这个方法对处理失落、焦虑情绪都很有效。

第三种是"补充情绪零食"。心理学家发现，在情绪失落的时

候，能拨通一个电话进行倾诉是十分重要的支持。亲人的照片、朋友间聊天都是有助于恢复平和状态的"情绪零食"。

第四种是"抽离法"。适用于需要现场快速平复情绪的情况。想象自己在空中，可以看到包括自己在内的现场所有的人，就像从直升机上俯视一样。把自己想象成"第三方"，不良情绪便会快速消除。

2. 高情商是后天培养出来的

情绪是人与生俱来的力量，但控制和利用好情绪的巨大能量则是后天学会的。情绪管理指通过对自身情绪和他人情绪的认识，培养驾驭情绪的能力，并由此产生良好的管理效果。

"情商"培养对青春期孩子的发展有重大影响，可以为今后的成功和幸福打下良好基础。心理学家发现，每个人都可以通过后天的努力提高自己这方面的素质和能力。因此，很多父母希望培养孩子的高情商。

小贴士

情商（EQ），也称为"情绪智能"，是一种情绪管理的能力，是可以通过学习提升运用的能力。情商由美国心理学家丹尼尔·戈尔曼提出，包括自我意识、自我管理、社会意识和人际关系管理四个部分。其中有两个核心：一是正确认识和运用情绪去帮助自己；二是运用"同理心"去理解与别人的关系，即了解和分享别人的看法和感受。情商的发展逻辑是先对自己的情绪有所察觉，然后才是有意识地管理。

情绪体验强烈正是提升情商的重要时机

人类大脑中负责情绪情感的部分发育得很早，优先级别更高，而负责控制冲动的、理智的大脑部分却发育得比较晚，且发育相当迟缓，要到 20 多岁才能成熟。孩子的"情绪化"是发育过程中的正常表现，他们比成年人更易情绪冲动，且更不容易控制冲动。

青春期孩子正处于生理发育的高峰期，生长激素和性激素等激素水平激增，他们的情绪体验更为敏锐、强烈、深刻，易于走向两极，呈现出丰富生动但不易控制的特点。这也恰好是学会和情绪相处、提升情绪管理能力的重要时机。

孩子应对强烈情绪的方式主要有三种。

第一种是战斗。情绪爆发时，说狠话，做绝事，硬碰硬，做出过激行为。

第二种是逃避。面对冲突，暂时离开是个好策略，但若一味躲避则无法解决问题。无法面对冲突引发的情绪，选择回避人和事，逐渐发展为回避现实世界。

第三种是发泄情绪。愤怒情绪没有被表达或释放出来，可能会引发更大的情绪和心理问题。但是单纯地发泄只能带来短暂的快感，并不能解决问题。

针对八年级孩子的情绪特点，父母应帮助他们正确地认识各种情绪问题，利用情绪爆发的时机，培养孩子对不良情绪的转化和控制能力，提高孩子的情商水平。

孩子的情商高低与父母密切相关

孩子的情商，即情绪管理能力，与父母有密切的联系。八年级孩子遭受很多的成长压力和困难，父母难免担心、焦虑，甚至在遇到孩子表现特别不如意的时候，还忍不住对其大发脾气，过后，又懊悔自责……这其实是父母不具备良好情绪管理能力的表现，对孩子的情绪也会产生不良影响。

高情商的父母能设身处地地感受、接纳和理解孩子的各种挫败、愤怒、沮丧、痛苦等情绪，还能够教导孩子调整情绪的方法，进而解决问题。高情商的父母会帮孩子树立信心，学习怎样处理面临的问题，让孩子感到身边有可信赖的"盟友"支持。

所有父母和孩子都需要学习觉察和认知情绪，并恰当地表达和调整情绪，学习如何处理他人和社会对自身的影响，这样才能接纳各种情绪，管理好自己的情绪，处理好与他人的关系。

高情商父母和孩子一起面对情绪

孩子的情绪低落时，父母会怎么做呢？是觉得孩子的烦恼微不足道，不予理睬？是让孩子做别的事情，尽快从负面情绪中脱离出来？还是要求孩子表现出坚强、忍耐，不能发脾气？抑或不做干预，让孩子自己消化？或是单纯地讲道理，告诉孩子应该怎么样？还是跟孩子谈心，让孩子倾诉，引导他们应对不良情绪？以上诸多做法中，比较恰当的是和孩子一起面对情绪。先处理情绪，再处理事情。

最重要的是尊重孩子，接受和认可他们的感受。所有的情绪都是有原因的，对孩子来说，那些理由是重要的，是值得关注的。

鼓励孩子进行充分的情绪表达。孩子越能精确表达感受，就越有可能掌握处理情绪的能力。父母可以引导孩子描述他的情绪，最有效的方式就是让孩子直截了当地说出他最真实的情绪感受。例如，当孩子生气时，他直接表明自己失意、愤怒、嫉妒等情绪；当孩子感到难过时，可以表达受伤害、被排斥、空虚、沮丧等情感。

高情商父母引导孩子采取有效行为

高情商父母认可孩子的情绪后，通过合理引导和启发，帮助孩子有效地处理情绪、调整观念，学会高情商的行为方式。

重要的是要让孩子感受到父母理解和接受他的动机，让孩子明白他所有的感觉和期望都是可以被父母接受的，但并非所有的行为都可以被接受。情绪平复后，父母应对不适当的行为设立规范，明确范围：哪些是可以接受和理解的，哪些是不能被接受的。

之后，父母引导孩子思考：下次同样的情况出现，怎样做更好？为了避免同样的情况出现，你可以采取哪些预防措施呢？和孩子一起讨论解决问题的方法，鼓励孩子延展自己的想法，自己做出更好的选择。父母以平和愉快的心态和孩子一同处理情绪解决问题，关键原则是接受而不评判。

高情商父母会真实地表达自己的情绪

有时候，父母为了掩饰自己对情绪失控的恐惧而强行表现得非常理性，明明自己心情很不好，却要装作若无其事，以为能够对孩子隐藏情绪。其实孩子有很敏锐的洞察力，能觉察出这些表象，只是在表面配合而已。

高情商的父母，不害怕在孩子面前表现情绪，但会告诉孩子有不良情绪的原因，并做到不让情绪失控。孩子看到父母激烈争论后友善地解决分歧，他就学到了关于解决冲突与达成和解的宝贵经验。如父母无意中说了伤害孩子的话或者做了伤害孩子的事，高情商的父母会马上向孩子道歉，诚恳地表明自己的情绪出现了问题，希望孩子能理解和体谅。

情商提升后，孩子情绪和行为上的问题会逐渐减少，亲子关系会更加亲密。孩子视父母为盟友，主动向他们倾诉情绪情感问题，共同寻求解决情绪问题的方法。

3. 压力管理有助于身心健康

　　快期中考试了，小飞常常感到非常疲惫，还出现胃疼、头疼现象。妈妈带他去医院，却没查出什么病症。但是，他做事情总不专心，拖拖拉拉的。经过妈妈耐心地询问，他终于说出了自己的心事——担心期中考试考砸了。

　　上次期末考试，小飞发挥不好，父母和老师很失望，他自己也很难过。现在他非常紧张，总担心考不出好成绩。显然，小飞遭遇了上次失败后，虽然老师和爸妈都鼓励他，但是他心中形成了一个想法："我不行，我考试肯定考不好。"并且反复给自己消极的心理暗示，结果背负上巨大的压力，表现出过度焦虑和担心，甚至表现出身体上的不适症状。

　　每个人都会有压力，压力存在于日常生活之中。父母在工作和家庭中担负着种种压力，孩子则由于学习任务、个人成长等因素承受着各种的压力。有人能化压力为动力；有人则由于无法化解种种压力，出现身体疲劳、脾气暴躁、精神衰弱等心理或身体问题。正确认识压力，科学管理压力，才能有助于维护身心健康。

压力是个体成长不可缺少的力量

压力无处不在,它产生于种种问题之中,如学业问题、健康问题、情感问题、家庭问题等。一般人都不喜欢压力,但心理学研究表明,压力对于维持人的生命生存、个人成长和潜能发挥都有着必不可少的重要作用。例如,学生因有考试的压力而更加勤奋学习。

八年级孩子面临的压力,有自我的成长、同学间竞争、父母的期望、老师的要求等。孩子的表现可能时而为之斗志昂扬,时而又身心疲惫,逃避退缩。因此,学会正确认知压力和科学管理压力,方可化压力为动力。

不同个体应对压力的反应不同

面对同样的压力源,每个人的感受和反应是不一样的。八年级孩子处在变化剧烈的时期,心理波动十分显著,对各种压力刺激的承受能力也处于不断强化过程中。但是不同个体对压力的反应表现不同,主要与以下两方面内容有关。

一方面,对压力的反应与压力的强度有关。如把压力强度分为10级,1到3级压力比较弱,产生的动力也就不足;4到6级是正性的压力阶段,人们会感觉目标明确,充满自信,富有成就感和幸福感;但7到10级,任务的复杂程度和难度可能超出能力范围了,可能会表现出烦躁、焦虑、易怒、沮丧、恐惧等负面情绪。

另一方面，对压力的反应更重要的取决于个体对压力的内在心理承受和消化过程。这个过程与个人的价值观、个性特征、认知模式和社会支持系统等密切相关。

压力过大会有预警信号

我们自身有压力预警系统，包括生理信号、行为信号、认知信号和情绪信号。

生理信号：头疼的频率增大、程度加深了，消化系统出现问题，心悸和胸部疼痛，皮肤干燥，肌肉酸痛。

行为信号：易指责和抱怨别人，经常喝酒、吸烟，与他人交往减少，从朋友和家庭的"圈子"里退出了，很难放松自己，变得烦躁、坐立不安。

认知信号：注意力不集中，常常记不清楚是否做了某件事情；优柔寡断，决策犹疑；记忆力下降、反应迟钝；等等。

情绪信号：易烦躁，喜怒无常，意志消沉，丧失信心，缺乏积极性。

出现这些信号，说明压力感受过强，需要尽快调节。

长期压力过大会影响身心健康

长期处于巨大的压力下会造成身心受损。比如，消化不良、便秘、溃疡、间歇性痉挛等；或出现失眠、头疼、多梦、早醒；还会引发肌肉的疼痛僵硬，可能出现心脏病、高血压，甚至破坏免疫系统，出现更严重的病症。

如果出现整日疲乏，自我评价降低，自责，内疚，思考能力下降，睡眠障碍，饮食障碍，阵发性出汗，心慌等症状，且持续时间超过两个月，依靠自己或家人的心理帮助仍很难缓解，就要尽快就医。

换个角度看，世界就是另外的样子

对压力的感受是正面的还是负面的，主要取决于自我认知。认知总是在不断自我暗示。有人总是给自己负面暗示，比如全盘否定，发生一点不满就认为整个事情一团糟；或严重夸张，淋一点儿小雨就认为会发高烧，生重病；或用灾难化思维，到点儿没回家就料想发生交通意外了；或过度概括，办错一件事就认为所有事都成功不了；等等。所有这些非理性的想法都是不健康的心理暗示。

前文的小飞同学，就是不断给自己负面暗示，导致压力感受过大。假如说，他这样自我暗示："我智力还不错，也一直很努力，我一定能够顺利通过考试，发挥出自己应有的水平；即使考试确实很难，我也会把它当作一次挑战。"如此一来，他就会充满自信地进行准备。

这种运用"自我对话管理"的方法就是重构认知，目的在于拓展人的思维视野，也就是说换个角度去看世界。压抑时换个环境放松自我，困惑时换个角度去思考，郁闷时换个方式找快乐……换个角度，世界就是另外的样子。

运用简便有效的减压法

父母经常和孩子一起用有效方法做各种减压，会让孩子身体和情绪处于放松和谐的状态。首先，运动是最好的减压法之一。压力会产生大量的肾上腺素等物质，而运动可以重新建立起身体内部各方面的平衡。其次是任何可以使自己大笑的放松活动。笑可以使身体的内分泌系统和免疫系统做出积极变化，快速改善人的身心状态。再次，听音乐或者唱歌。音乐最容易使左右脑平衡，唱歌更可降低或消除不良情绪。此外，还可通过按摩放松身体。情绪存在于整个身体内部，看不到摸不着，但通过按摩能减轻身体内的情绪压力。

同时，尽量避免对压力的不健康反应，否则非但不能减轻压力，反而还会增加问题。避免做出如下反应：吵架打闹等发泄怒气的方式；暴饮暴食、疯狂购物等非理性行为；饮酒、抽烟、乱用药物，以及长时间看电视、睡眠等逃避的其他方法。这些都是无效的甚至伤害身心健康的减压方法。

如孩子出现上述反应时，父母要运用积极有效的方法及时帮孩子纠正调节，让孩子尽快从压力中走出来，调整状态，重拾信心。

开拓舒缓的第三类生活

如果短期内不能改变造成孩子紧张情况的因素，父母可定期给孩子安排一些令人身心平静的活动：去乡村或海边走一走，参观博物馆、展览馆等，或和朋友吃饭聊天。目标是建立除了学习和家庭生活之外的第三类生活，让孩子离开造成紧张情况的环境一段时间。

父母还可以陪孩子参加一些讲授解压课程的学习班进行充电，增强其处理压力的能力，从而使孩子更加从容地应对心理上和精神上的挑战。

对孩子来说，父母可以帮助他们安排一些安静独处的时间，允许孩子做一些自己感兴趣的事，或参加一些使其身心放松的活动，如户外写生、郊游或阅读等。

建立良好社会支持系统

科学研究发现，良好的社会心理支持系统有助于缓解不良情绪，提高身心健康指数。支持系统首先包括家人，其中父母和兄弟姐妹之间的血脉亲情是任何人都取代不了的，我们会在第一时间与他们分享喜悦和烦恼，也会在茫然失措时向他们求助。其次，朋友和同学的支持也非常重要。失落或者遇到挫折时，他们会心甘情愿地听我们倾诉，给予同情、理解和支持。结交几个能同甘共苦的好朋友能在关键时刻给我们带来莫大的支持。还有，夫妻双方也是彼此坚强的后盾，可以提供强有力的支持。

良好的社会支持系统让我们获得安全感，感受到人与人之间的温暖和关爱。因此，父母要鼓励孩子用心结交知心朋友，自己也要做好支持后盾，让孩子在良好的社会支持系统中健康快乐地成长。

回顾与思考

1. 当孩子有各种情绪时，父母应如何运用情绪的正面价值？

2. 除了书中提及的情绪自卫术，还有什么好的方法来转化不良情绪？

3. 高情商的父母应该如何管理和调节自己的情绪呢？

4. 父母应如何看待压力的积极作用和消极作用？

5

第 五 章

构筑幸福人生的安全网——
尊重和保护儿童权利

1. 儿童权利是法定的，不是成人给予的

儿童是特殊的权利主体，是发展中的、独立的人。儿童有自己的思想、需求、成长规律和特点，不是小号成人，不是父母的私人所有或附属，更非实现父母需求的载体。

虽然中国加入《儿童权利公约》有20多年了，但很多父母对儿童权利的认识还很片面。天津社会科学院研究员关颖指出，有两个最基本的问题容易被父母忽视：一是儿童有什么权利，如何保护他们的权利；二是父母对孩子应当承担哪些职责，法律规定的保护儿童的义务是什么。

按照《儿童权利公约》和《中华人民共和国未成年人保护法》等国际性约定和法律规定，儿童享有法律赋予的生命权、健康权、名誉权、隐私权、人身自由权、受保护权、受教育权、参与权、亲子团聚权、财产受到管理保护权、继承权等权利。儿童的权利是法定的，而不是成人给予的。

小贴士

生活中大部分父母没有儿童权利这个概念，也没有真正把儿童作为一个平等的人来尊重。对于儿童的权利，父母比较注重的是生

育权、受教育权、隐私权，是从父母保护儿童的角度去关注的。而儿童自身的权利，比如说参与权、话语权，支配自己的财产、时间这样一些权利，还没有受到充分的尊重。

——朱永新

儿童的基本权利

每个父母都需要了解关于儿童权利的内容。儿童享有除了选举权、被选举权、婚姻自由权之外的所有公民基本权利，还享有不同于成年公民的受到特殊保护的特殊权利。

《儿童权利公约》规定，凡18周岁以下者均为儿童，应该享有数十种权利，其中包括最基本的生存权，全面发展权，受保护权和全面参与家庭、文化和社会生活的权利。《未成年人保护法》明确规定，未成年人享有生存权、发展权、受保护权、参与权等权利。

《儿童权利公约》确立了四项基本原则：无歧视，儿童利益最大化，生存和发展权，以及尊重儿童的想法。《未成年人保护法》规定，保护未成年人的工作应当遵循以下原则：尊重未成年人的人格尊严，适应未成年人身心发展的规律和特点，教育与保护相结合。

《儿童权利公约》

联合国大会 1989 年通过的《儿童权利公约》，阐述了儿童享有以下各项基本权利：

（1）享有身份、姓名和国籍权；

（2）享有接受其父母照料的权利；

（3）享有与家人团聚的权利；

（4）享有不被诱拐、买卖或贩运的权利；

（5）享有自由发表言论的权利；

（6）享有思想、信仰和宗教自由的权利；

（7）享有结社自由及和平集会自由的权利；

（8）享有隐私、家庭、住宅或通信不受任意或非法干涉的权利；

（9）享有获取资讯的权利；

（10）享有接受父母提供的良好的教育的权利；

（11）享有不受虐待或剥削，身心摧残、伤害或凌辱，忽视或照料不周的权利；

（12）享有选择保护其最大利益的照料的权利；

（13）享有寻求庇护的权利；

（14）享有接受健康保健援助的权利；

（15）享有受益于社会保障的权利；

（16）享有适当的生活标准的权利；

（17）享有受教育的权利；

（18）享有自己的文化、信奉自己的宗教或使用自己的语言的权利；

（19）享有休息、休闲和娱乐的权利；

（20）有权享有适当的法律程序和少年司法公正；

（21）享有免遭毒品侵害的权利；

（22）享有不受酷刑及不被剥夺自由的权利；

（23）享有远离武装冲突的权利。

儿童权利易被父母忽视或侵犯

为什么父母给孩子提供了优越的生活条件，孩子却总是不满足？为什么父母对孩子管得越多，孩子身上的毛病反而越多？为什么父母为孩子付出了那么多，孩子却不领情？

其中一个重要原因就是父母们漠视孩子的权利，把孩子当作自己的附庸，没有把孩子当作一个权利的主体，忽视了孩子自身的生存、发展的规律和需求。

一些父母无知无畏地侵犯孩子的合法权益却浑然不觉，比如——

（1）侵害生存权和受保护权

家长外出务工不管孩子，忙于工作忽略孩子；夫妻离异推脱抚养监护责任；安全意识差，孩子意外伤害事故频发；过于看重学习，忽视孩子的身心健康；粗暴管教，实施家庭暴力，给孩子带来心灵创伤。

（2）忽视发展权

家长按照自己的意愿设计教育方案，不顾孩子的内心感受，让孩子被动地适应；把孩子当大人、把特点当缺点、把部分当全部，忽视孩子的发展需求和特点。

（3）剥夺参与权

家长把孩子当作自己的一部分而不是独立的人，认为自己拥有支配孩子的权力，凡事替孩子做主，大包大揽，把自身的付出作为孩子成长的一部分，限制孩子在生活实践中充分发展其全部体能、智能和社会性参与的机会。

父母需要树立尊重儿童权利的观念，才能重新认识和孩子之间的关系。

认知儿童权利，转变教育理念

首先，参照《儿童权利公约》的内容，列表进行自我检查和评估，看看自己对每一项权利的理解和执行情况，以 10 分制打分。自我评分后，请孩子给父母打分。

其次，对于生活、学习和娱乐等方面的具体事情，父母与孩子协商讨论该如何落实其拥有的各项权利的细节，并定期沟通。

儿童权利现状测评表

权利	爸爸自评	妈妈自评	孩子评爸爸	孩子评妈妈
倾诉的权利				
自由发表言论的权利				
资讯权				
隐私权				

续表

权利	爸爸自评	妈妈自评	孩子评爸爸	孩子评妈妈
参与权				
亲人团聚权				
……				

换位思考，像尊重成人一样尊重孩子

不少父母都认可孩子有思想、有感情、有合法权利，应该尊重孩子，但实践中却不知不觉地"看不起"和"不相信"孩子。

中学物理老师雷老师非常关注儿子的教育。孩子上八年级后，她对其数学、物理等科目的学习特别重视，常常指出孩子思考得不全面的地方。孩子对此很反感，终于发出了强烈的抗议："你别再天天挑毛病了行不行！你换做我试一试！"

雷老师才意识到，自己的指导貌似是在帮助孩子"修正错误"，其实是过度干涉和挑剔，让孩子感觉到不被信任、不被尊重。之后，雷老师再与孩子交流时，总是先提醒自己："如果他是我朋友，我会怎么说？"

经过一段时间刻意的"换位思考"训练，雷老师基本做到了耐心倾听，适时插话，适当引导。母子二人的关系变得平和亲密，孩子变得自信和积极。

父母平时可以运用"换位思考"的方法训练自己尊重孩子。与孩子交流前，想一下："如果我是他，会怎样想，会怎么做？"，"如果我是对朋友说这件事，我会怎么说？"也可请孩子与你互换角色，彼此站在对方的立场上充分说明对方观点的合理性。"换位思考"有利于了解彼此的想法，更体现了对彼此人格平等和参与权的尊重。

学会道歉，真正体现对孩子的尊重

八年级孩子与父母容易发生意见分歧，有时父母难免态度强硬、情绪冲动、言语过激，甚至误解错怪孩子、迁怒孩子。这些行为可能会对孩子造成心理伤害。唯有真诚的道歉才能赢得孩子的尊重，修复其心理创伤。勇于道歉和善于道歉是合格父母必备的能力素养。

首先，态度要诚恳，不要为自己找借口。不要以"对不起，妈妈 / 爸爸……但是我是因为……而……"的句型作为道歉句，这只是在为自己找借口开脱，不真诚的道歉没有任何意义。

其次，要讲究方法，实事求是，就事论事。明确因为什么道歉，自己哪儿做错了，对孩子造成了什么伤害，并请求孩子原谅。孩子可以通过言语、神情感受到父母的真诚。

再次，长期错误不要指望一次道歉即可产生立竿见影的效果。如果父母常用挖苦、讽刺或冷落等方式对孩子实施言语和情感上的冷暴力，简单的一两次道歉难以修复关系，只有长期的行动上的改变才是最有效的方法。

2. 儿童权利的范围随成长而扩大

随着年龄增长，儿童拥有的权利本质不变，但范围逐渐扩大。例如，同样是选择学校，儿童上小学时基本由父母来决定；升中学时，父母就要允许并引导孩子参与选择。

八年级孩子对参与权的要求明显增加。因此，在择校、零用钱、兴趣班、交友、娱乐、衣着打扮、家庭事务等各方面，父母都要认真听取孩子的意见。其中，儿童权利中容易被父母忽视的有儿童的资讯权（也称为信息权）和劳动权。

孩子要求获得更多的资讯权

"孩子有没有因为上网或看电视与您发生过冲突呢？"对于这个问题，父母可能满腹牢骚，又感到无可奈何。资讯权是儿童发展权里一项特别容易被忽视的重要权利。《儿童权利公约》指出，儿童有权使用各种大众传播媒介，以获得有益其身心健康的信息和资料。

孩子获取信息有许多渠道，例如，书籍、报刊、电视、网络等。其中上网是大多数父母和孩子最关注的。八年级孩子好奇心旺盛，求知欲强烈，希望自己有更多的自主选择权，常为此与父母发生分歧冲突。

受媒体的影响越来越大

现代社会每个人都被纷繁的传媒世界所包围，进入中学，孩子受外界传媒的影响更是日渐增加。他们和同学朋友谈论的歌曲、电视剧、娱乐节目、体育比赛等内容，绝大多数都是从影视、网络媒体上获得的。

媒体的确充斥着许多不良资讯，然而，孩子现在生存以及未来面对的是一个万物互联的时代。网络已经是学习和工作、娱乐和休闲，以及社交活动等不可或缺的渠道和资源。

父母有责任和义务保护孩子免受不良信息的侵害，也要保证其获得信息的权利不被剥夺。因此，当代父母要学会有效利用现代媒体，特别是网络，为孩子打造良好的信息获取渠道。

尊重孩子的参与权，善用网络资源

召开家庭主题会议，请孩子作为主要负责人来策划和安排，一起讨论家庭成员如何正确利用网络资源健康上网的事情。

首先，父母和孩子一起探讨网络的优势与问题，双方在观念和原则上达成一致。

其次，明确上网的目的，商定孩子上网的具体时间和浏览的主要内容。

再次，父母自身需要提升对网络资源运用的认知能力和实践能力。

特别需要注意的是，协商时要尊重孩子的想法和感受，尊重孩子的参与权和决定权。

健康上网，选择良好的精神食粮

健康上网首先要考虑拒绝不良信息的侵扰和防止网络社交中的伤害，培养孩子的自我保护意识。

父母和孩子要确立一个基本原则：爱惜自己的精神世界，要像爱惜自己的眼睛一样爱惜自己的心灵。各类媒体传递到头脑中的内容就像精神食粮一样，我们听什么、看什么、读什么，我们的精神世界就会装满什么。关注健康，自然会选择健康食品，而拒绝垃圾食品。父母要和孩子讨论如何给心灵添加营养，而拒绝接受垃圾内容。

请孩子思考和感受：如果听的音乐，看的书籍，浏览的文字、图片等，让你感到消沉、忧郁、烦躁等，那就可能表明有些东西是垃圾内容；如果接触的东西令你感到轻松快乐，深受鼓舞，充满希望而内心安宁，那就值得坚持和保留。并且，心里不断地问自己："我愿意让它成为我的一部分吗？"

在有清晰的原则后，要与孩子明确上网的时间规划。

与孩子探讨遇到问题时的解决办法。例如，慎重结交网友，不盲目相信网友或网上的传言；遭到网友的骚扰、威胁、恐吓时，要及时与其断交；等等。

除了网络，其他如电视、书籍、音乐等孩子接触到的，都一样和孩子协商，以善用资源来避免损害。父母要与孩子经常进行交流，对协商的事情应允许调整。

重视儿童参与家务劳动的权利，避免其被忽视剥夺

母亲生病时让 14 岁的女儿收拾桌子，孩子冷淡地回答："我不是保姆。"妈妈伤心地向专家诉苦，专家问："您常常让孩子做家务活吗？"妈妈说："从来没有……"

孩子承担力所能及的家务劳动是应尽的义务。但孩子如果平时没有做家务活的机会，他会认为那不是自己分内的事，自然缺少责任感。

教育家马卡连柯发现，在家里得到正确的劳动教育的儿童以后会很顺利地完成专门教育。凡是在家庭中没有接受任何劳动训练的儿童，在将来的工作中很有可能会遭到各种失败。

目前，孩子参与家庭劳动的权利被严重地忽视了。八年级孩子渴望自己的事情自己做，家庭事务可以分担做。

小贴士

一项针对三年级到八年级孩子的调查结果显示：孩子表示"愿意和大人一起干家务的"高达 93%，"愿意学做家务活的"高达 92.7%，高达 77.6% 的孩子认为"劳动能够培养自己的能力"，67.2% 的孩子认为"在劳动中可以获得快乐"。这些说明孩子很看重劳动对自身成长的积极作用。

分工合作，还给孩子家务劳动的权利

随着八年级学习任务越来越重，有些父母把孩子的事情都大包大揽下来。然而，孩子参与家务劳动是自己应尽的义务和享有的权利。父母应该尊重孩子应有的劳动权，做好家务分工。

首先，一起列出家务清单，包括自理性的和为家庭服务的劳动。例如，收拾房间，定期整理书籍和学习用品，洗衣服，做简单的饭菜，打扫房间，等等。其次，确定各项劳动的责任人、所需的时间、频率和劳动效果的考核方式，特殊情况如何处理，等等。再次，根据需要调整家务劳动计划，确保计划落到实处。

通过参与劳动生活实践，孩子可以获得书本中学不到的知识和技能，在亲身体验中也培养了各种良好的品质。

3. 法治教育，家庭有责

14岁的小胡与同学打乒乓球时发生冲突，他顺手抄起拦网的木棍朝同学头上重重地敲了一下。同学被打得颅脑血肿，经鉴定属重伤。

小胡被逮捕了。依据我国刑法规定，14岁至16岁的未成年人，因故意伤害致人重伤或者死亡的，应当负刑事责任。他没想到，一个冲动动作要承担如此沉重的后果。

很多父母或许并不清楚，根据我国法律，14岁是一个是否承担刑事责任的重要的分界线。

我国刑法规定，不满14周岁的，对任何犯罪不负刑事责任。已满14周岁不满16周岁的，犯故意杀人、故意伤害致人重伤或者死亡、强奸、抢劫、贩卖毒品、放火、爆炸、投毒罪的，应当负刑事责任。已满14周岁不满18周岁的人犯罪，应当从轻或者减轻处罚。但这种处罚仍然是严峻的。

民事责任方面，如果未成年人有相应的收入，应自行承担民事赔偿责任，不足部分由其监护人承担。

因此，父母要特别重视对孩子的法制教育，避免孩子因为无知冲动造成不可挽回的后果。

警惕八年级孩子的不良行为

八年级是孩子身心动荡的时期，是孩子矛盾与纠纷最多的时期，也是孩子心灵最易受伤的时期，易出现两极分化的趋势。有的孩子会有封闭心理或逆反行为，甚至沾染上抽烟、喝酒、看黄色书刊等不良习惯。

中国预防青少年犯罪研究会在《2013年我国未成年犯抽样调查分析报告》中指出，未成年人犯罪时的年龄，以14岁、15岁、16岁的居多，约占总量的2/3，其中14岁未成年人犯罪比例明显上升，情况令人忧心。

专家分析，未成年人犯罪与家庭教育失败密切相关。缺乏父母正确有效的管教，孩子很难发自内心地自觉遵守规则、敬畏法律。家庭教育只有规则明确、赏罚分明，才能最大限度地避免未成年人犯罪，最大可能地引导孩子遵守规则和法律，不伤害他人，同时也能保护自己。

小贴士

一项关于"全国未成年犯抽样调查"显示，当问到"导致你由不良行为走向犯罪的主要原因有哪些"时，高达77.1%的孩子回答的是"法律意识淡薄"，比排在第二位的"文化程度低"高出43.2%。当问及"你犯罪时是怎么想的"时，有65.6%的孩子说"一时冲动，什么都没想"，46.8%的孩子甚至说"不知道犯罪，也不知道会受到惩罚"。绝大多数犯罪的孩子说，触犯法律后才被法律唤醒，这让孩

子和他们的父母追悔莫及。

家庭中"法治教育"对孩子影响巨大

　　法治教育在不少家庭中是盲点，父母只盯着学业成绩，觉得法治教育离孩子很远，但它实际是孩子社会化过程中非常重要的内容。
　　法治教育的方式主要有两类：一类是知识性的，通过对法律法规等知识的学习，让孩子了解法律，知道明辨是非的标准；另一类是事实教育，是通过他人的社会行为对孩子进行影响和引领，也就是平常说的"言传身教"，家庭教育中父母的言传身教影响巨大。

父母要帮助孩子了解和遵守特定环境中的行为规范，做好榜样作用。如经常跟着大人遵守交通规则的孩子会树立良好的规则意识，会更自觉地遵守社会规范。如孩子对父母用钱物贿赂他人习以为常，就会扭曲对金钱的认知，日后可能在经济生活中违反法律法规。

当然，八年级孩子有可能完全不认同父母示范的榜样，甚至反其道行之。这种情况下，父母需要反思三个问题："这件事情应该让孩子照我说的做吗？""孩子能做到吗？""孩子想做吗？"这分别是价值问题、能力问题和动机问题。

对价值问题（该做吗？），父母与孩子沟通彼此的价值观，达成一致或求同存异；对能力问题（做得到吗？），可帮助孩子提升相关能力；对动机问题（愿意做吗？），则需要做好对孩子的激励工作。经常用三个问题反思与孩子的沟通，如果孩子真正接受了法律法规，就会表现出良好的遵纪守法行为。

粗暴的家庭教育方式会剥夺孩子的权利

2015 年，4 名留守儿童集体服农药身亡事件震惊社会。4 个孩子中最大的 14 岁，最小的仅 5 岁。是什么原因让四兄妹的生命早早凋谢在花季？

报道显示，四兄妹是在缺少关爱、充满暴力的环境里成长的。父亲经常对子女大打出手，拳脚相加。后来，母亲不堪父亲的暴行而出走，父亲也外出打工，留兄妹4人独自在家生活。

这场悲剧再次警示全社会："禁止对家庭成员实施暴力"的法律要深入人心。如果父母、孩子或老师、亲属等人员有一定的法律意识，孩子们的命运可能就截然不同了。

父母必须尊重和保护孩子的权利。学习了相关法律法规，才知道什么是合法的，什么是违法的，什么是犯罪的，才能做到知法守法护法，才能正确地运用法律手段保护孩子的合法权利。

父母打骂孩子犯法吗？自己家里的事情外人管得着吗？《中华人民共和国反家庭暴力法》对此给予了明确的肯定答复：未成年人的监护人应当以文明的方式进行家庭教育，依法履行监护和教育职责，不得实施家庭暴力。未成年人"遭受家庭暴力的，应当给予特殊保护"。

"不打不成材"的观念有着深厚的基础，其背后的深层原因是把孩子视为私有财产而非独立的有自主权利的生命体。而社会上禁止对孩子进行家庭暴力的舆论氛围也相对薄弱。相反，各类媒体依然对那些"虎妈""狼爸"进行高调宣传。事实上，对孩子实施暴力就是漠视儿童生存权。

关于家庭暴力的预防，是全社会的事，更是每个父母应尽的义务。父母必须与时俱进，建立现代社会的教育理念和法律意识。

善用多种渠道，学习法律知识

除学校的法治教育外，父母需要善用各种渠道，与孩子一起学习法律知识，增强法律意识。一般说来，可以阅读普法书籍刊物，如郑渊洁的《皮皮鲁和419宗罪》等；也可以收看法律节目和法制新闻报道，如《今日说法》等。

父母也要引导孩子从具体案例中学习相关法律法规，这样就更有针对性，也更容易理解。比如，看到孩子被父母虐待的报道，可以进一步了解《中华人民共和国反家庭暴力法》的相关内容；看到留守儿童长期无法与父母相聚，要理解这是亲子团聚权没有受到保护；看到适龄儿童辍学，知道他们的父母或监护人违反了《中华人民共和国义务教育法》……发现违法行为，父母可以指导孩子向学校或居住地的有关单位报告求助。

小贴士

《中华人民共和国反家庭暴力法》明确规定：如果监护人实施家庭暴力，严重侵害被监护人合法权利，依法撤销其监护人资格；构成违反治安管理行为的，依法给予治安管理处罚；构成犯罪的，依法追究刑事责任。面临家庭暴力，除了受害人及其代理人、近亲属可以向公安机关报案或依法向人民法院起诉，未成年的孩子可以由近亲属、公安机关、妇联、居委会、村委会、救助管理机构代为申请"人身安全保护令"。

重视生活实践，建立法律法规档案袋

家庭中的法治教育，可以采取更加亲切、随意的形式。建立一个法律法规档案袋，就是一个好办法。

利用家庭时间，父母和孩子可以一起探讨实际生活中或新闻报道中的案例，查找其涉及的法律法规和可能采取的保护措施。每探讨一个案例就学会了至少一条法律法规。

例如，儿童被狗咬伤，是谁的责任？《民法通则》第一百二十七条规定，饲养的动物造成他人损害的，动物饲养人或管理人应承担民事责任。

还可以定期对法律法规档案袋的资料进行分类整理。从国家安全、社会公共安全、公私财产所有权、知识产权、人身自由权、平等权、隐私权、文物保护、动植物保护等方面进行分类，不断增加和扩充相关法律法规知识。

法治教育是一个由认知、认同到行动的过程，孩子需要不断学习，逐步加强法律意识，成为一名遵纪守法的合格公民。

回顾与思考

1.儿童有哪些法定的基本权利？

2.从《儿童权利公约》来看，父母平日容易忽视孩子的哪些权利呢？

3.父母应如何理解"像尊重成人一样尊重孩子"？您又是如何做的呢？

4.父母和孩子可以通过什么方式学习法律知识呢？

6

第 六 章

打造幸福人生的助力——
深刻持久的人际关系

1. 同辈群体对个体发展影响深刻

周末到了，八年级的文硕又约了几个同学一起去打球。他在接受关于交友的调查时说："我和这些朋友从小学就特别要好，初中虽然去了不同的学校，但我们周末还是在一起玩。在中学我也有两个特别要好的朋友，也加入了这个小圈子。我们一起玩的时候特别开心，有事情也会互相帮助，大家特别讲义气、够朋友。我的想法他们都理解，有些话只愿意和他们说。父母和老师都特别在乎学习成绩，有心事也不可能和他们说，说了他们也不一定理解。"文硕的这些话表达出了很多孩子的真实心理感受。

八年级孩子正处于世界观、人生观和价值观发展的重要阶段。建立深刻持久的人际关系是自我发展的重要任务，也是影响情绪情感、价值观念和行为方式的重要因素。与小学时孩子受父母和家庭的影响不同的是，初中之后，同辈群体的影响变得更加重要。同伴日益成为孩子们最重要的情感依恋对象，是他们倾诉和分享秘密的首选对象。

孩子的心理断乳期同时也是父母的心理断乳期。面对孩子的诸多变化，父母不仅需要认同接纳，承认自己权威的下降；还应适度放手，支持并帮助孩子拓展人际交往范围，学会与同学朋友建立深刻持久的关系。

同辈群体的积极影响

同辈群体对孩子成长具有特殊意义，其积极方面主要表现为以下几个方面。

满足情感交流的需求和促进情感的发展成熟。同辈群体间相互的理解与支持、关心与尊重，可满足孩子交往需要、归属需要和尊重的需要。

获得更多社会信息和生活经验，得到学业上的帮助。同辈群体之间交往密切、无话不谈，彼此从对方获得大量的生活知识经验和社会信息，这些经验和信息丰富了孩子的社会经验和增强了其社会思考力。

提高交往技能，培养环境适应能力和合作竞争的本领。同辈群体之间基本上是平等关系。即使有领导和服从，也是相互自然协商的结果。在与同伴的交往中，孩子逐步学会了如何和别人沟通与合作、宽容与谅解，以及接受指导和建议。

有利于学习行为规范，加强对社会角色的适应和认同。个体在同辈群体中会形成特定的角色和地位，遵循群体内不成文的行为规范。这为孩子正确认知社会角色，自觉遵守社会的道德规范和法律制度等奠定了基础。

同辈群体的消极影响

个体在同辈群体中寻求精神上的慰藉，满足心理上的需求。但如果受到群体内部的谴责或被群体抛弃，无疑会受到很大的打击。为了避免这种伤害，个体往往采取与其他成员相一致的行为，以得到认可而获得心理上的安全感。但是这种对同辈群体的顺应，也可能使孩子受到消极影响，主要体现在以下方面：

同辈群体的文化与社会主流文化存在相悖的一面。有些同辈群体缺乏鲜明的是非观，可能有消极的价值取向或不良的社会行为，如结伴酗酒、抽烟、打架等。

有一定的自卫性和排斥性。"圈内人"会构建一道无形的屏障与"圈外人"隔绝开来。这易使被排斥者产生孤立感，自尊心受损，影响其情感表达，甚至产生不良行为。

维系同辈群体存在的情感纽带不具有稳定性，缺乏理性指导，易导致意气用事。少年之间可能凭着"朋友义气"去解决问题，不利于形成正确的行为习惯和人际关系技能。

小贴士

同辈群体是指由年龄、兴趣、爱好、态度、价值观和社会地位较为接近的人所组成的一种非正式初级群体。同辈群体是一个人成长发展的重要环境因素，它对个人的社会化过程起着重要的作用。它以友谊关系为基础，成员之间能够同心协力、互相忍让，具有较强的内聚力。对青少年而言，较为普遍的是由于家庭距离较近或因共同兴趣而形成朋辈关系，以及班级、宿舍等组成的小群体。

同辈群体中的个体行为有更多趋同性

进入八年级，同学之间逐渐熟悉，建立起亲密的友谊，也形成了一些新的同辈群体。同辈群体是在自愿选择、自由组合的基础上自发形成的组织，群体成员之间具有模仿性和趋同性。

群体成员之间虽然在价值取向上会存在一定差异，但由于是个人自由选择组合的结果，所以同辈群体之间容易产生较高的心理认同，也容易具有统一的群体意志和较强的内聚力。在相似性极强的同辈群体中，在群体压力和互动下，个人往往会放弃自己的某些价值观念和行为表现，而采取和大多数人相一致的行为。

尊重和理解同辈交往

八年级孩子正处于脱离儿童群体却又被排斥在成人行列之外的过渡时期。他们与同龄人有说不完的话，互相分享与父母不能交流的情感、矛盾、忧虑和困难。加入同辈群体是孩子促进自我成长的重要方式。

不过，不少父母存在偏见，把孩子的同辈交往活动视作是贪玩、浪费时间；有的则担心孩子受到伤害或学坏，阻止孩子与同伴交往，

限制孩子参加群体活动。

父母应重视同辈群体的积极作用。首先，认识到同辈交往不仅是孩子的心理需要，也是孩子不可被剥夺的权利，需得到理解、尊重和满足；其次，要认识到同辈群体间的活动对孩子身心健康、品德修养、学业发展的积极作用；再次，还要认识到同辈群体是有着巨大潜在价值的资源，要好好利用其积极方面，控制其消极影响。

深入了解同辈群体，及时掌握动态

孩子根据不同的兴趣爱好或价值观念建立起不同的交往圈子，参与到不同的同辈群体中。父母需要及时关注孩子与同辈交往的状态，与他们的同伴朋友进行接触和对话，在情感上建立联系，取得信任。但是，父母不要随意评价或干预孩子们的价值观和行为。父母只有以平等的心态与孩子相处，才能保持与孩子们交流的通道，否则会被屏蔽或拒绝。

同辈群体中往往存在"核心人物"，他们大多是孩子们在交往中自发形成的权威人物。他们身上有特殊的"闪光点"，或高大壮实，或风趣幽默，或善于表达，或敢作敢为、有情有义，对群体成员有比较大的影响力……

父母通过观察"核心人物"的特质以及同辈群体的基本规则，了解同辈群体对孩子价值观和行为方式的影响，有助于发挥其积极作用并化解或控制其消极影响。

提供支持帮助，建设性地介入

八年级孩子的价值观尚未成熟，抵抗诱惑、理性管理自己的能力还比较弱，行为还有相当的冲动性。父母既要鼓励孩子与同辈交往，又不能放任不理，这需要耐心和技巧。

父母要以平等心态与孩子形成相互信任的关系，不被当作异己排斥。父母可用帮助孩子策划（而不是直接参与）的方式，协助孩子组织同辈交往活动。父母不直接干涉孩子的活动，但需要孩子报告同辈交往的对象、活动的场合和活动的内容。

父母还可通过提供场所、交通工具、娱乐设施等方式，了解孩子的同辈交往情况，保持可控性，避免孩子受到不良的影响。

2. 学会与异性交往是个体成长的重要任务

战博放学回来和妈妈聊了件有趣的事情。他说："周五下午我们班想举行篮球比赛，可是八年级（5）班的男生正在篮球场上打球。我们班的男生章建过去，请他们把场地让一下，5班的男生就是不答应。可女生雯菲过去跟他们一说就成功了。你说这事奇怪不奇怪？"

这种有意思的现象在心理学上叫"异性效应"，是指与异性交往时，人们会激发起更大的内在积极性和创造力。男女生一起学习和娱乐，双方会有一种愉悦的心理感受。有些活动，如文娱表演、拔河比赛、劳动，甚至会餐，如果没有异性参加，会缺少趣味和气氛。

这种现象甚至在人类征服宇宙的过程中也曾发生。在宇宙飞行中，不少宇航员会产生"航天综合征"，表现为头痛、眩晕、失眠、烦躁、恶心、情绪低沉等，而一切药物都无济于事。调查研究的结论竟是"没有男女搭配，性别比例失调严重，导致异性气味匮乏的结果"。后来，宇航局在宇航飞行中，挑选了一名健康貌美的女性参加，竟使得这个难题迎刃而解了。

异性交往是人际关系中非常重要的内容。从社会学角度看，没有异性交往，人类社会就要停止；从心理学角度看，青春期学会与异性交往，才更易在未来的恋爱、婚姻中建立健康的亲密关系。因此，帮助孩子学会正确地与异性交往是父母必须关心的课题。

小贴士

"异性效应"是社会活动中普遍存在的一种心理现象，表现是男女两性共同参加的活动，比只有同性参加的活动，参与者一般会感到更加愉快，干得也更起劲、更出色。这是因为异性间心理接近的需要和追求异性敬慕的心理能得到满足，因而会使人获得愉悦感，并激发起内在的积极性和创造力。

从异性疏远到异性吸引

青春期的异性交往一般经历三个阶段：异性疏远期，大概在五六年级到七八年级；异性吸引期，多从七八年级开始；异性爱恋期，一般出现在高中至大学阶段。

初中生的异性交往在不同年级之间存在明显差异。七年级学生交友时，对性别差异没有特殊意识，主要注重性格和兴趣，在异性交往中大多没有交往障碍。但是，八年级学生在异性交往中逐渐出现障碍。男女生开始明显意识到性别问题，而且彼此注意对方，开始对异性产生兴趣。

由于生理与心理的发育，进入青春期后，孩子心里开始萌动着一些从未有过的体验和感受。这使得他们既好奇渴望，又迷惑害怕，行为上不敢主动接近对方。

很多孩子表面上对异性疏远回避，表现出一种毫不相关、不屑一顾的态度，甚至会攻击对方，但内心深处则有神秘的新奇感，渴望与异性接近，对异性的一些细小变化比较敏感，关注自己在异性心目中的印象。

一般而言，异性疏远期很快会过去，与异性接近的愿望逐渐明朗化，两性之间彼此吸引，关系进而发展得比较密切。这些变化正是八年级孩子正当的心理需求的反映。

内心渴望加强与异性的交往

在性成熟的作用下，孩子们从内心深处感觉到异性吸引的存在，八年级孩子对异性交往的渴望增强。随着知识增长和求知欲增强，他们试图接近异性、探索异性的奥秘。如果家庭和学校不能给予及时的正确引导，就会使孩子的好奇心和逆反心理更加强烈。如对异性交往讳莫如深，对有关性知识和爱情描写的书刊严加封锁，或对异性交往的负面影响过度渲染，都会激发孩子更强烈的异性交往的愿望。

由于男女之间身体形态和生理机能的差别日益明显，孩子对自己的生理变化感到羞涩，对异性的差别特别敏感。他们既渴望了解自己的变化，也渴望了解异性。许多孩子对描写爱情的影视、文学作品表现出浓厚的兴趣。独生子女由于在家庭中接触不到同龄异性，在这方面表现尤为突出。

正常异性交往具有积极意义

正常的异性交往是青少年社会化的重要途径。异性交往有助于孩子自我同一感的建立和发展，有利于提高社会交往能力并获得社会价值。

正常的异性交往让孩子正常的心理需求得到满足，可以增进心理健康。男生在女生面前表现出争强好胜，以显示其阳刚之气；女生在男生面前表现得温柔文静，以展示自己阴柔之美。

异性交往有同性交往不具备的优势。男女的观察力、注意力、记忆力、思维能力、言语表达能力等方面都有不同的特点和风格，异性交往利于互相吸取长处，丰富各自对不同情感的体验，使得彼此性格更加豁达开朗并逐渐走向成熟。

如果长期缺乏与异性交往，便会对异性产生胆怯、不满等心理，容易发生性心理扭曲，造成适应不良。

消除对异性交往的三种误解

不少父母对异性交往存在误解，只有消除误解，才能帮助孩子顺利完成正常与异性交往的成长课题。父母主要存在以下几种误解：

（1）孩子的主要任务是读书学习，异性交往是长大后的事。孩子的主要任务是成长和全面发展，包括身体发育、个性形成、智力发展和道德培养等。其中，学会与人交往是不可或缺的，包括与异性交往。

（2）孩子还不成熟，不具备与异性交往的条件。潜台词是与异性交往需要特殊的能力，这实际上是将异性交往神秘化。在与异性交往中，孩子必然会遇到困难和问题，而去摸索、去提高的过程就是走向成熟的过程。

（3）与异性交往会分散精力，影响学习。事实上，因异性交往而影响学业的人，真正原因并非分散了精力，而是承受不了较大的精神压力。相反，与异性交往成功的人往往情绪饱满、精力充沛。

区分交友类型，协商交往原则

培养与异性交往的基本能力是孩子在这个阶段的重要任务，父母要和孩子一起分析其与异性朋友交往的类型。一般说来，可分为以下几种类型：一般交往型，只是泛泛之交；经常接触型，由于参加共同的活动，因此接触比较多；重视功利型，彼此之间有利益关系，能够互利互惠；真挚玩乐型，这样交往的朋友是以共同的兴趣爱好为基础；学习交心型，注重学习提升，彼此共勉共进；真正知己型，彼此患难与共，有共同的价值观和亲密的情感。

父母要和孩子一起探讨如何与不同类型的人保持不同的交往方式和交往原则。一般而言，要注意以下原则：

与异性同学交往时，以集体活动为主，避免单独相处；

异性之间说话要文明，彼此尊重，不可拿对方开心取乐；

言谈举止留有余地，要表现得大方而不失稳重，不可随意打闹；

不允许他人过于亲密地接触自己的身体；

遇到骚扰性言行，要明确自己的态度，立刻离开；

遇到问题或困难，一定要与父母或老师及时沟通。

辨析友情和爱情，免贴"早恋"标签

八年级孩子渴望接近异性，但对异性交往既憧憬又畏惧。这种陌生又神奇的感情，会让孩子心理上产生许多困惑或烦恼。对异性朦胧的好感可能发展为珍贵的友谊或青涩的恋情。理解了爱情与友情的真正含义，孩子的心态会平和稳定下来。

心理学家从五个方面阐述了友情不等于爱情的"五个不同"：

项目	支柱	地位	体系	基础	心境
友情	理解	平等	开放的	信赖	充满"充足感"
爱情	感情	一体化	封闭的	不安	充满"欠缺感"

父母可借鉴这几条差异，帮孩子辨析他/她与异性朋友的情感类型。

"早恋"一般有这样几种类型：一是误解型，误将对异性的好感当作恋爱；二是寻求替代型，由于得不到父母、同学的理解和温暖，就从异性交往中寻求补偿和安慰，寻找倾诉的对象；三是寻求地位型，为了满足虚荣心或盲目效仿而炫耀式交往；四是冲动或报复型，正常的异性交往被误解后出于报复或一时冲动而有意向恋爱发展。

不论是哪种类型，父母都要帮孩子摘掉"早恋"标签。父母要注意孩子的身心变化，正确引导，使他们正确处理好与异性同伴的关系。

3. 偶像崇拜是寻找自我的必经阶段

随着《三生三世十里桃花》剧终，蕾蕾的妈妈终于松了口气。因为女儿天天追此剧，对诸位男主角和男配角都很痴迷。和蕾蕾妈妈一样，不少父母担心追星对孩子产生不利影响，有的父母更是用强制手段制止孩子追星，但是很难奏效。那么，父母该如何应对孩子的偶像崇拜呢？

偶像崇拜是个体发展中一种正常的心理现象。在自我发展的过程中，青少年需要一个看得见、摸得着的活生生的形象作为自我的代表。从这个角度讲，偶像就是崇拜者的代言人和理想自我，有助于孩子自我同一性的发展。

偶像崇拜能起到正向激励的作用，每一代青少年都有自己的偶像。例如，李小龙激励了许多年轻人奋斗自强，哈利·波特引导了一代青少年，让他们在亲情、友情、爱情，责任与使命，勇气与恐惧等方面，汲取了成长的营养。

当然，由于思想认识、思维方式还处于不成熟的状态，有些孩子在偶像崇拜中会表现出片面、幼稚、虚荣等特点，会有盲目性和狂热性，父母要进行引导以削弱这种非理性的负面效应。

小贴士

偶像崇拜是当今青少年精神生活的重要内容，特指由于"光环效应"而形成的夸大的社会认知和社会印象，把自己喜好的人物看得完美无缺，高度认同、崇尚并伴有情感依恋的一种复杂的心理行为。

偶像崇拜是孩子寻找自我的过程

青少年偶像崇拜是特定年龄阶段心理发展的"附属品"，是心理由不成熟向成熟转变过程中的伴随现象，具有突出的年龄性和过渡性特征。

青少年偶像崇拜的核心问题是心理认同和情感依附。青少年（12—18岁）是建立自我同一性的时期，需要通过对一些成年人或同龄人中偶像人物的认同来确认自我的价值。也就是说，一个人在其认知、情感和个性发展中欣赏和接受另一个人的价值观、行为模式及外表形象等，并加以崇拜和模仿。

偶像崇拜是一种积极的心理情绪，还是青少年融入团体的一种手段。偶像的各种资讯正好让孩子与其他同伴有共同讨论的话题。

偶像崇拜是人成长中的一种正常现象。人类在最初阶段，崇拜大自然；个人在少年时代，崇拜明星和英雄。这是人由自然人走向社会人的社会化过程中所必须经历的阶段。父母对孩子的偶像崇拜持尊重、理解、宽容的态度，有利于孩子的自我发展。

八年级是受偶像影响巨大的时期

青少年的偶像崇拜有阶段性特点，随着自身的认识提高而发展变化。一般来说，偶像崇拜都要经历由儿童时期的依恋父母和老师，到少年时期的崇拜影视歌星和体育明星，再到崇拜以伟人和社会成功人士为核心的榜样人物这样三个发展阶段。

对明星和英雄的偶像崇拜一般会在14—16岁达到顶峰，并随着年龄增长而下降；对杰出人物的崇拜会随着年龄的增长、批判性思维的日臻成熟而上升，并在20—22岁达到顶峰；对父母长辈等身边人物的崇拜，会随着年龄的增长、独立性增强而呈明显下降趋势。

偶像崇拜力量可转为积极上进的动力

偶像崇拜是青少年时期的标志性行为表现，常常体现为对所敬仰人物的热烈迷恋和追逐，有些人甚至表现出相当的狂热和盲从。不过，很多孩子对偶像的崇拜并不过分盲目，他们从偶像身上汲取积极的人生经验，获得成长的能量。

大多偶像明星不仅外表鲜亮、个性张扬，也曾付出了艰辛努力才赢得现在的影响力。他们的拼搏精神、坚毅性格和对事业的不懈追求，能对孩子产生很好的示范效应。

当然有一些偶像的不良行为会对孩子的价值观产生负面影响，需要父母予以引导，帮助孩子以偶像的正面形象作为励志的坐标。

和孩子一起分析偶像的内在品质

对于偶像崇拜，父母不必过分担心，也不要妄想隔断，最好以此为话题，多与孩子共同参与，一起交流。这是很好的亲子沟通的机会，父母可以逐步为孩子树立正确的是非观、道德观，把偶像崇拜打造成孩子人生成长的课程。

比如，可以和孩子一起回顾偶像剧中的情节，研究剧中人物的心理行为变化，分析造成变化的原因。同时，一起探讨明星个人与其所塑造的各种角色形象的差异。理解明星所塑造的形象或许让我们赞赏和崇拜，但现实生活中他们也是普通人，也有七情六欲，也会犯错误。父母要引导孩子正确地看待这一切。

引导孩子选择有激励价值的偶像

偶像崇拜不是固定不变的，青少年的人生观、价值观不同，个性特征不同，他们所选择的崇拜对象及崇拜方式也不同。如追求潮流和外在形象的青少年往往选择 TFBOYS、赵丽颖等歌星或影星；追求豪放自由且热爱运动的青少年，往往选择乔丹、罗纳尔多等球星；而追求道德感、积极奋进的青少年，往往选择李嘉诚、周恩来等成功人士或伟人。

父母要引导孩子选择有激励价值的偶像。对孩子喜爱的偶像，父母不必反对或挑剔，要和孩子一起挖掘其优秀品质，让孩子由表面的欣赏和羡慕，转为实质的仰慕和学习。

父母要引导孩子拓展视野，从影视剧到体育娱乐，再到文学艺术、科学技术、思想文化等领域，激发孩子对各个领域优秀人物的喜爱和欣赏，树立更多的积极榜样。

让孩子多增加真实生活体验

如果孩子的自我太过弱小，可能会过度追求偶像，偶像崇拜的负面效应就会比较明显。孩子自我发展越成熟、越稳定、越强大，偶像崇拜的负面效应就越弱，甚至没有。而自我的强大是通过在各种成功体验中不断建立自尊、自信而逐步形成的。所以，父母要让孩子在生活实践中不断取得成功，并给予其认可、肯定和欣赏。

要多为孩子提供做事的机会，让孩子多参与社会活动。例如，和同学们一起布置教室，去敬老院慰问老人，去父母单位参观，等等。在不断尝试和体验的过程中，孩子会逐渐发现自己喜爱或者愿意做的事情。

孩子在多次成功体验中获得了自我满足感，自我的力量就逐渐强大起来。因此，对偶像崇拜也会逐渐超越表面因素，真正转化为对内在优秀品质的追求。

回顾与思考

　　1. 孩子的朋友圈（同辈群体）对他 / 她有哪些积极影响和消极影响？

　　2. 孩子与异性的正常交往中应该注意哪些方面？

　　3. 很多专家反对"早恋"这个提法，父母应如何看待？

　　4. 偶像崇拜对孩子的影响是什么样的？

　　5. 父母应该如何引导孩子一起来寻求偶像（或榜样）的积极力量？

7

第 七 章

升级幸福人生的发动机——
面向未来的学习能力

1. "学会学习"是一切学习的核心

学会学习是未来最具价值的能力。当今世界，知识更新和转化的速度日益加快，最近30年人类新增加知识的数量已超过过去2000年人类所积累知识的总和。"未来的文盲不是不识字的人，而是没有学会怎样学习的人。"因此，学会怎样学习，比学习什么更重要。学会学习，包括了学习态度、学习方法、学习习惯、学习思维、学习意识等问题。

八年级时，孩子学习成绩可能会发生很大分化。这是因为初中的学习内容、学习方法，以及教师的教学方法等，与小学有很大的不同。经过七年级的过渡，孩子们的适应程度以及适应速度不同，成绩会表现出较大的分化。这个阶段，"学会学习"才是一切学习的核心，学习的知识技能会直接影响学习的状态和结果。

学习内容加多加深且结构化加强

小学时，学习内容简单，老师也会重复教学。初中学习的科目增加，内容也由直观的、零碎的知识点变成了更为完整、系统的知识体系。孩子在学业上面临的挑战大大增强了。

初中的学习，除了要求记忆大量的定义、原理等知识点外，也越来越注重运用知识的能力。如果孩子没有适应新的学习要求，学习成绩会大幅下降；如果适应了新的学习要求，孩子成绩就会稳步提升。

"知道如何学习"是关键

一般而言，知识可以分为三类：

第一类是陈述性知识，即"知道是什么"，就是各种各样的知识点，包括概念、名词、公式、历史事件、人物，等等。

第二类是程序性知识，即"知道怎么样"，就是反映不同事物之间相互关系的理论与知识。它包括学科内部不同知识点的联系，不同学科知识点之间的联系，以及学校知识与社会经验之间的联系，等等。

第三类是"元认知"，也被称为"对认知的认知"。这是一种关于自己学习或如何学习的知识，就是知道自己如何想的、如何做的，并能根据效果对自己的想法和行为进行反馈调节。思维技能和学习技能都属于元认知技能。

元认知的知识技能就是"知道如何学习"的知识技能，是"学会学习"的关键所在。"学会学习"是现代教育特别强调的内容和目的之一。

元认知的知识主要涉及三个认知技能：自我计划、自我监控和自我评价。可以说，每个人在学习速度和效果方面的差异，很大程度上是由人的元认知的知识和技能不同造成的。

对孩子学习的要求也由理解和记忆陈述性知识为主，到要求理解和掌握程序性知识，再到逐步培养孩子的元认知能力，从而让孩子拥有自我发展的能力。

小贴士

日本教育学教授、学习问题专家斋藤孝在所著的《学会学习》中指出，要想找到适合的学习方法，就要先从了解自己的个性下手。在本书中，他萃取了 16 个名人的读书学习技巧精华，分篇整理，提供了包罗万象的学习方法。例如，容易找借口的人，要学学斯蒂芬·金的"外界屏蔽学习法"；烦恼自己无法坚持到底的人，就来学学村上春树"为强健大脑而锻炼身体"的学习法；如果你老是不按牌理出牌，就要学习香奈儿的"对镜观察学习法"……

学习好的秘密是"自觉性高"

常常见到这样的报道，有媒体采访高考高分考生的家长，询问有什么好的教育方法，听到的回答竟然是："我们平时工作非常忙，很少管孩子，都是他自己安排学习。"

研究发现，学习成绩和各方面发展都比较好的孩子普遍有一个共同的特点，那就是学习自觉性程度都比较高。

具有学习自觉性的孩子往往能够主动地安排自己的学习，包括制订学习计划，反思、总结和调整学习策略。那些自觉性程度高的孩子，能认识到自己的长处和短板，有效地管理自己的时间，发挥自己的优势，进而不断取得进步。

学习方法比勤奋更影响学习效果

常听到有孩子抱怨："我很刻苦了，但成绩却不理想，而那个某某并不用功，却次次都能考好。"为什么会这样呢？有人会说，这是智力有差距。的确，智力的差距确实有影响，但对绝大多数八年级孩子而言，学习方法的差异对学习效果的影响更大。

初中与小学的学习方法是有很大差别的。小学时，孩子仅靠重复机械记忆就可以取得好成绩。但初中却完全不同，孩子不仅需要记忆，更需要掌握知识之间的联系和规律。因此，如果孩子掌握了科学的学习方法，学习就会显得轻松自如，学有余力；但如果还只沿用小学时的方法，就会越学越吃力，成绩只能下滑得越来越厉害。

孩子多感官学习效果更好

学习方法与学习效率有密切的关系。有研究者提出的"学习金字塔"模型展示了七种不同的学习方式，以及它们和记忆率的关系。这七种方式分别是听、读、听加读、看别人示范、参与讨论、自己实践以及教会别人。

假如老师说了十句话讲授一个知识点，两周后，学生只记得半句；如果老师写出来十句话给学生阅读，两周后学生只记得一句。如果老师一对一当面解释给他听，相同时间后，则可记得两句。如果老师陪他聊这个知识点背后的逻辑思路，结果可记得五句。如果不仅陪聊，还陪练，可以记得七句半。如果老师让他搞懂，然后教其他同学，则记得九句。

可见，越是多感官参与的、深度沉浸其中的，记忆效率也越高。更有意思的是，学习效率在 30% 以下的，都是单人的被动学习；而 50% 以上的，都是团体的主动学习。显然，一群人学比一个人学效果要好。

小贴士

"学习金字塔"是美国学习专家爱德加·戴尔 1946 年提出的一种现代学习方式理论。他用金字塔模型和具体数字形式直观地呈现了学习者运用不同的学习方式在两周以后还能记住的内容的比例（平均学习保持率）。

如下图所示，从上往下列出了听讲、阅读、多媒体、现场示范、讨论、践行、教别人这 7 种学习方式，学习效率也依次从 5% 递增到

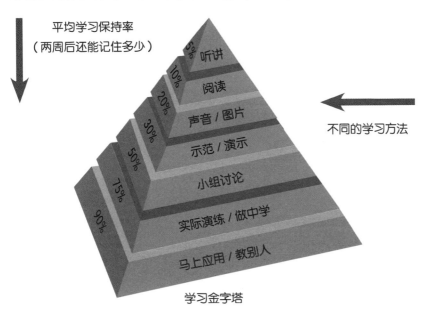

平均学习保持率
（两周后还能记住多少）

5% 听讲
10% 阅读
20% 声音／图片
30% 示范／演示
50% 小组讨论
75% 实际演练／做中学
90% 马上应用／教别人

不同的学习方法

学习金字塔

90%。虽然学习金字塔中百分比描述不完全精准，但对大多数人来说，这个模型还是很有指导意义的。

运用学习金字塔的"七种武器"

学习科目越多，内容越复杂，越需要掌握更多的高效的学习"武器"。"学习金字塔"展示了学习的"七种武器"，它们对孩子的学习会产生不同程度的影响效果。

首先，尽可能运用多感官通道学习——能被刺激的感官通道越多，记忆就越深刻。例如，对一个公式、一篇课文的学习都可以运用多种方式：看一遍、听一遍、说一遍、画一遍、做一遍。也可以混合使用，一边看一边说，一边听一边写，等等。

其次，与优秀的人一起学习。"高级武器"都是团队的主动学习。因为在学习中，除了陈述性知识，许多策略性的知识技能是无法用语言精确传达的，只存在于实实在在的讨论、实践和示范的过程中。所以，父母要鼓励孩子找到学习伙伴，让孩子与伙伴们一起学习，这样效果更好。

鼓励孩子做"小老师"

教学是"学习金字塔"中最高效率的一种方法。由于物理学家理查德·费曼经常使用这个方法，也称为"费曼技巧"或"费曼学习法"。这种学习方法虽很简单但非常有效，实际操作步骤分为如下四步：

第一步，选择一个需要理解的概念。拿张白纸，写下标题。适用于学习所有的概念。

第二步，教授这个概念。想象自己在教一个小学生，在白纸上写出来，讲述与这个主题相关的所有内容。要用小学生能听懂的语言和概念来解释。当一次次去解释的时候，就会体悟到自己理解了什么，误解了什么，还不知道什么。

第三步，返工。遇到问题，就重新学一遍。先仔细地模仿原文的描述和解释，再试着用自己的思维和语言重新解释，直到能讲清楚为止。继续使用第二步，直到可以完整地将概念解释出来。

第四步，回顾与精简。回顾前三步中写出的解释，确保没有任何复杂概念。假如还有生僻的词汇或讲不清楚的概念，试着用常见事物和现象的类比来解释，或打个比方。

简单来说，就是通过教别人使自己学会，并且使用更加简单、简洁的方式。简单是因为找到了核心概念，简洁是因为逻辑清晰，从而实现真正理解这个概念。

孩子掌握"费曼技巧"这个方法，可以运用在各类学习中。让孩子做"小老师"，把学到的知识讲给父母或同学朋友听。父母要允许孩子返工重来，不要挑剔或批评，要多鼓励、多肯定。

小贴士

理查德·费曼，美国物理学家。1965 年诺贝尔物理奖得主。费曼不仅科研能力超群，他的教学能力也非同一般。他总是能够深入浅出，把复杂、枯燥的物理学知识讲得通透，从遥远、抽象的理论联系到人们身边具体的事物。

2. 有效利用时间是自我管理的基础

时间就是生命，它不可逆转也无法取代。把握好时间就能够将生命的价值发挥到最大化，尤其在当下信息碎片化严重的时代，时间管理能力显得尤为重要。确切地说，对时间的管理就是对注意力和精力的分配管理。时间管理能力既是一种选择能力，也是一种执行能力。

管理时间是掌控生活的前提

八年级是特别重要的阶段，不少孩子和父母每天都像在冲锋陷阵一样忙碌紧张。每天都有做不完的习题、读不完的书籍、背不完的文章和词汇、准备不完的测验考试，还有练不完的琴棋书画……孩子常常忙到深夜才入睡，但还没睡几个小时，第二天的"战争"又开始了。

——"周末带孩子去郊游吧？""没时间啊，孩子的课外班都排满了。"

——"晚上出来参加聚会吧？""没时间啊，孩子明天考试呢。"

这是典型的忙碌型父母和孩子，他们始终处于时不我待的焦虑中。许多人都感叹"学海无涯苦作舟"，但真的必须这样吗？当然不。

之所以如此忙碌，是因为孩子还没有培养出相应的有效利用时间的能力。八年级孩子的学习生活有了较大变化，对其时间管理能力要求也更高了。孩子具备良好的时间管理能力是掌控好学习生活的前提和基础。

然然以优异的成绩考进了中学，但八年级第一学期成绩出现大幅下滑。他自己很努力，就是学习效果不理想。爸爸找到一位很有经验的老师帮他分析原因，寻找办法。老师重点和他讨论了学习时间分配问题。

老师发现，然然课余时间并没有明确的规划安排，只是根据作业多少来分配时间，并没有针对性地进行查漏补缺和巩固强化。老师建议他根据自己的优势和劣势，合理利用和分配课余时间。他们具体探讨了每周有多少课余时间，怎么分配这些时间，都要做好计划，并且坚决执行。比如，周二晚上有两个小时，给数学 40 分钟，英语 30 分钟，语文 20 分钟，等等。各科要在规定的时间内完成，到时间了，一定要换下一科目。

然然按照老师的建议认真去做了，结果期末考试有了很大进步，班主任还让他给同学们介绍进步的经验。

激发内在动机解决拖延问题

经常听到父母抱怨："孩子总是拖拖拉拉的，作业总是拖到很晚才写完，该怎么办呢？"其实孩子也想又快又好地把作业做完，把事情处理完，可是做不到啊！为什么呢？

拖延的原因可归纳为两点：一是任务太难，不会做；二是没有动力，不想做。进入八年级后，面临新学科、新内容以及较高的学习要求，不少孩子感觉任务太多太难，无法像以前一样轻松地完成，功课越落越多，过度焦虑反而减弱了内在的学习动机。

这种情况下，首先要调整标准，遵循"合格原则"，以激发行动的动机为中心。如果一定要求各方面都优秀，孩子或许感到没有希望达成，反而无法激发内在动机了。

心理学家德西和瑞安提出的"自我决定论"认为，人的基本需求有三种：有关爱的"关联"，有关力量的"胜任"，有关自由的"自主"。当三者得到满足时，做事的动力会得到大幅提升。

为什么孩子对网络游戏乐此不疲？因为网络游戏做到了满足这三方面的极致：游戏的开放、互动让游戏者有"自主"感；持续提高的难度让游戏者有"胜任"感；而闯关升级过程中队友间的配合，则让游戏者产生情感"关联"。父母可以利用此理论，激发孩子的内在动机，帮助孩子提高学习和生活的效率。

谨记"要事第一"

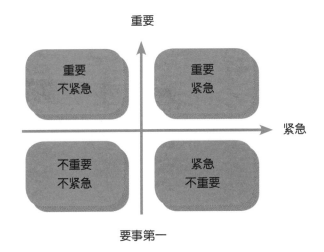

首先，把要做的事情列出来，再根据轻重缓急程度分别放入四个象限进行区分。第一象限，重要且紧急；第二象限，重要但不紧急；第三象限，不重要也不紧急；第四象限，紧急但不重要。

其次，针对四个象限内的不同事情，采用不同的策略。"要事第一"就是主动忽略一切"不重要也不紧急"的事，拒绝大部分"紧急但不重要"的事，使之少于事务总数的 15%；把 65%—80% 时间花在"重要但不紧急"的事上；并把焦虑之源"重要且紧急"的事情，减少到 20%—25%。

"要事第一"其实就是把时间尽量优先花在第二象限"重要但不紧急"的事情上，从而达到"忙但不焦虑"的境界。

教孩子利用好四个学习高效期

一般来说，每个人一天中有四个学习的高效期。

第一个是清晨起床后。大脑经过一夜的休息，脑神经处于活跃状态。此刻学习一些难记忆的东西较为适宜，如外语、物理定律、历史事件等。

第二个是上午 8 点至 10 点。此时精力充沛，大脑易兴奋，严谨而周密的思考能力、认知能力和处理能力较强，是攻克难题的大好时机。

第三个是下午 6 点至 8 点。可以用来回顾复习全天学过的东西，分门别类进行归纳整理。

第四个是入睡前一小时。此时对一些难于记忆的东西加以复习，可以避免遗忘。

每个人精力旺盛的时间不完全一样，请和孩子一起观察并找到精力最旺盛的黄金时间段，安排好学习和生活的节奏，有效地提高学习效能。

用"减半法则"降低难度

好逸恶劳是人类的天性。如果任务难度很大，大脑很容易产生畏难情绪。所以，要持续地拆分目标——不断拆分到"忍不住动手"为止。

比如，你的目标是扩大英语词汇量，假如最初的目标是每天100个单词，如果完不成，立即减半，改为每天50个；还是完不成，再减半到每天25个……最终的下限，是每天记1个单词。

乍一听，你可能觉得减到"记1个"太夸张，这和没背有什么区别？其实，差别很大。1是下限，是说最少背1个单词，背多了都是你赚到的。当目标小到分分钟就能达成，成功就不再遥不可及了。正向激励最终会让人进入良性循环。

父母教会孩子这样的"减半法则"，也要学习降低对孩子的期望值。当难度降低了，期望降低了，孩子反而有了进步的动力。

变"我必须"为"我想要"

孩子要提升完成目标或做事情的动机，可以先从以下三个方面问自己几个问题：

第一，我的能力足以"胜任"要做的这件事吗？我该如何提高能力或调整指标，让自己保持信心？

第二，我做这件事是不是"发自内心"？是自我的决定还是外部的影响？如果不得不做，我能主动选择从中学到些什么吗？我可以主动创造哪些新奇的尝试？

第三，在做这件事的过程中，我如何与喜欢的人产生更多"链接"？

人类都有发现新奇事物，拓展并发挥才能，以及探索和学习的内在倾向。父母应多关注目标任务中新奇之处，调动孩子的好奇心，尝试把做事的外部要求转化为他自己的内部需求——变"我必须"为"我想要"，从而提升动机，增强动力。

3. 学会制定目标，掌握实施计划的能力

进入八年级后，以前奖罚孩子的一些方式好像不太管用了。反而是面对父母让自己决策的事情，孩子的动力更足些。这是为什么呢?

学习动机更趋于以内在动机为主

人的行动主要源于两种动机：一是外在动机，如希望获得他人的赞美和认可，获得奖励或避免惩罚等，此时，外在奖罚手段作用显著；二是源于内在需求的内在动机，是源于内在的兴趣和好奇心的，如满足了探索的好奇心、克服困难的满足感、能力提升后的自信心等，此时，外在奖罚收效不大。

动机的发展一般会经历三个阶段：从外在动机驱动为主，到内在动机驱动和外在动机驱动结合，再到内在动机驱动为主。当然，这三个阶段是动态变化的。

孩子需要经历各个阶段，可以加速但不能跨越。自主性和独立性要求越来越强的八年级孩子会更加注重内在动机。因此，父母要更关注孩子的内在需求，激发其内在动机。

小贴士

心理学认为，心理动机是驱使人从事各种活动的内部原因。心理动机是复杂的、变化的。心理学家德西和瑞安认为人的基本需求有三种：胜任需要、归属需要和自主需要。学习动机的能量和性质，取决于心理需要的满足程度。

充满梦想但又缺乏恒心

青春期的孩子处于对未来充满梦想但又容易被现实阻碍的阶段，也常常会出现"光想不动"和"只有三分钟热度"的情况。

积极乐观的心态固然重要，但只有积极乐观的心态还是不足以实现梦想的。心理学家加布里埃尔·厄廷根研究发现，积极乐观的心理期待对成功有害，因为把目标说出来后，大脑可能感觉事情已经做成了，大脑的满足感会降低行动力和忽略现实障碍，导致许多梦想只停留在头脑中，缺乏实际行动。

三分钟热度的人则是对未来有过高预期的乐天派，很少思考现实的障碍和未来的阻力。因此，一旦遭遇障碍就会很快放弃。

积极期待并克服现实障碍

加布里埃尔·厄廷根在其著作《WOOP 思维心理学》中提出，

人们有四种不同的梦想模式——乐观幻想、消极现实、心理比对、逆序比对。

具体来说，乐观幻想的模式只考虑积极乐观的美好未来；消极现实的模式只考虑消极的现实障碍；心理比对的模式先考虑积极乐观的未来，再考虑消极的现实障碍；逆序比对的模式是先考虑消极的现实障碍，再考虑积极乐观的未来。

在四种模式中，只有"心理比对"的效果最好，即行动成功需要积极期待加克服现实障碍，从而可以解决"光想不动"和"只有三分钟热度"这两个问题。

"心理比对"是通过预演未来回答问题——这个事情我有机会成功吗？先考虑积极乐观的未来，再考虑消极的现实障碍。如果答案是肯定的，就立刻投入、积极行动，努力获得成功；如果答案是否定的，那就迅速放弃，不再纠结，去投入更有可能成功的目标。

这是个学会评估，做出正确判断和选择的过程，可以让人专注做可为之事，快速放下不可为之事。

小贴士

什么是WOOP？它是由"愿望（wish）、结果（outcome）、障碍（obstacle）、计划（plan）"这四个英文单词的首字母组成，它是一个工具，是一种思维练习，可以用于各种可能实现的愿望上面，并确定我们的愿望，帮助我们将顺前方的道路。它向大家阐述了一个简单而令人惊讶的理念：追梦路上的障碍，其实是实现梦想的台阶。

得到正面反馈的目标计划更容易实现

在实现预定目标和落实计划的过程中，孩子们如果能及时而持续地得到正向积极的监督和反馈，得到支持和鼓励，就更容易克服困难，坚持不懈实现目标。八年级孩子正处于"自我意识"发展的高峰期，得到他人认同，获得自己的成就，正是获得积极自我概念的重要影响因素。

心理学上有个"期待效应"，意思是说，他人对一个人的期待能塑造一个人。例如，被认为是"优秀学生"的孩子，会更加自信而努力，后来果然变得更优秀。

这是由于期待和赞美可以让人产生更多的自信，可以更有勇气克服困难。因此，当孩子公布目标计划的时候，父母给予适当的、及时的正向认同反馈，可以有效地帮助孩子实现目标。

运用目标性学习的策略

不少孩子很勤奋，但学习效果不佳。这是因为勤奋努力是出于缓解学习焦虑的压力，而非出于达成目标的思路。目标性学习思路有明确目标——学什么对我成长帮助最大，焦虑性的学习只是用学习缓解内心的焦虑。这是目标性学习和焦虑性学习的差别。焦虑是无方向的，目标是有方向的。焦虑越多，越没法思考目标，越是下意识地做出努力学习的表现，可努力学的东西并不是最需要学的，而只是容易学的。

父母要帮助孩子学会运用目标性学习的策略来达成目标，缓解焦虑。不妨经常和孩子一起思考和讨论以下几个问题："我想达成的目标是什么？""我达成目标的成功要素到底是什么？""我今天学习的东西和达到那个目标有关系吗？""如果有关系，现在的方式是我当前最好的选择吗？""下一步我该做点什么？"

通过这样的思考，可以帮助孩子清晰地意识自己和目标的差距到底在哪里：是不是学习动力不足，是因为兴趣缺乏还是逃避困难，是哪个方面的学习能力需要提升，需要运用什么样的学习策略，等等。由此帮助孩子设定靠谱的目标，然后开始行动。

宣布"清晰目标+具体计划"

在学习和生活中，孩子经常需要设定各种目标。不过，仅仅是设定目标，比如，"我要成为一个……样的人！"，"从明天开始，我要……"，这样的目标并不容易实现。

如果只有目标，缺乏落实策略和具体计划，很难有克服障碍、持续行动的意志力。

因此，父母应指导孩子清晰地表明目标以及具体的行动计划。以客观表达而非励志的方式宣布目标，让孩子的满足感来自目标的真正实现。比如，不说"我明天开始锻炼！"，而是说"这一个月内，我要每周运动 3 次，每次 30—40 分钟。运动时间是周二、周四和周六；每缺少一次，减少娱乐或游戏时间半小时"。

制订目标计划时用"心理比对"工具

和孩子来一个"心理比对"，制订计划的时候，按照顺序思考这些问题，依次写下问题的答案：

你的期待是什么？

在当前的情况下，这个期待最好的结果是什么？

在当前的情况下，最大的现实障碍可能是什么？

这很简单，但发现就是改变的开始，行动才是改变的抵达。现在，体察一下自己和孩子的心智模式——你通常属于"消极现实""乐观幻想""逆序比对""心理比对"中哪一类型？

类型	思考	自己	孩子
消极现实型	消极的现实障碍		
乐观幻想型	积极的未来梦想		
逆序比对型	先消极现实，后积极梦想		
心理比对型	先积极梦想，后消极现实		

"心理比对"能聚焦真正有能力达成的目标，放下无力达成的目标。列出三个自己最期待发生的目标（乐观幻想），列出三个最大的现实障碍（消极现实），用10分钟完成心理比对，然后给这三个目标排序——哪一个是自己更渴望实现的梦想？

经常运用这个简单又神奇的"心理比对"的思维方式，可以让一个人的心智变得更为成熟，让人成为一个理性乐观派。

回顾与思考

1. 如何帮助孩子赋予"学习"应有的意义，提升学习的自觉性？

2. 哪些时间段是自家孩子的学习高效期？如何利用这些时间？

3. 孩子现阶段的时间管理安排是否科学合理？哪些方面需要提升？

4. 针对孩子最感兴趣或最薄弱的一项学习内容，如何制订有清晰目标的具体计划？

第 八 章

完善幸福人生的外延——
良好的社会适应性

8

1. 遵守社会规范，培养良好公德

天气非常寒冷，但养老院的活动中心里传出阵阵笑声，几十位白发苍苍的老人正在开心地看学生们表演节目。这些孩子是义工服务队的成员，定期到养老院来看望老人，给老人表演节目，陪他们聊聊天。

许多同学已经是多次参加各类公益活动了：除了到养老院慰问老人，还去特教中心看望脑瘫患儿，到自闭症儿童治疗中心陪伴自闭儿童，关爱身边的空巢老人，等等。他们谈道："参加公益活动让我觉得生活很踏实，也很充实。"

近年来，越来越多的孩子参与到公益活动中来。这些公益活动加深了他们对社会的理解，增强了心理正能量，提升了道德修养和公德素质。

八年级是公德教育的关键时期

道德教育从古至今都被极为重视。近代思想家们把道德区分为

"私德"和"公德"。梁启超先生对此做了明确的界定："人人独善其身者谓之私德，人人相善其群者谓之公德。"私德指个体的道德修养、道德意识以及人际交往，不直接涉及对社会整体应遵循的伦理准则；公德指公共领域中公民的道德活动，包含个人与社会、群体、国家之间的关系，亦是个人必须履行的职责和义务等。

八年级孩子正处于世界观、人生观、价值观启蒙的关键时期，思想单纯，有很强的可塑性，容易受到外界情境因素的影响。因此，正是加强社会公德意识的培养，提升其公德素质的最佳时期。这不仅对其个人道德修养的形成影响深远，也是实现社会秩序规范和社会和谐发展的必然要求。

公德教育首先要培养公德意识

社会公德的范围包括两个方面：一方面是在事关重大的社会关系和社会活动中，应当遵循的由国家提倡的道德规范，如爱祖国、爱人民、爱劳动、爱科学、爱社会主义的公德；另一方面是在日常公共活动中，应当遵守维护公共利益、公共秩序、公共卫生、公共安全等方面的规则。

社会公德教育首先要培养公德意识，因为具有明晰公德意识才可能遵循公德规范，落实公德行为。对初中生而言，最普遍的公德意识重点体现在两个方面：一方面，是与他人交往活动中，要尊重他人，敬老爱幼，善待弱者；另一方面，是在公共场所活动时，要遵守交通规则，遵守公共秩序，爱护公物。有研究者将此最基本公德意识概括为尊老爱幼、乐于助人、文明礼貌、遵守交规、遵守秩序、爱护公物、爱护环境七个方面。

公德意识与家庭教育有密切关系

家庭教育在孩子的德性养成方面发挥着非常重要的作用。孩子从外界获取的社会公共道德知识能否内化为自身的价值观念，能否落实到日常言语行为中，很大程度上取决于孩子所处的家庭环境和家庭情感的投入程度。

八年级孩子情绪波动大、情感需求强烈，只有基本的心理需求得到满足，才会有能力关注公共领域事务和规则，才可能关心到周围环境和其他人的感受。并且，如果父母由于某些原因对社会和他人反应冷漠无情，不愿意关心和帮助别人，孩子也会受此影响形成认知偏差，对人与人之间的关系缺乏信任和关爱。若父母经常主动帮助他人，会使孩子建立起一种利他和助人的心理倾向。

知识信息日新月异，高尚品德历久弥新，父母自身良好的道德品行永远是孩子提升自身道德修养的最重要的力量来源。

注重培养孩子亲社会行为

符合社会公德规范的行为都是有益于社会整体发展的，是被社会所接受和鼓励的，是突破自我中心、律己利他的行为。这种行为也被称为"亲社会行为"。孩子健康成长的过程就是一个"去自我中心"的过程。但现在大多数孩子被过度保护，接触的公共生活比较少，又缺少兄弟姐妹的陪伴，很难在成长过程中自然地形成良好的社会公德意识，需要父母刻意培养。

在树立正确的社会公德意识基础上，父母和孩子要建立一个监督提醒和激励的机制，培养长期的利他的亲社会行为。例如，每天晚上相互问三句话：今天你有什么需要我帮助的吗？今天你为谁提供了帮助？今天谁对你提供了帮助？父母和孩子还可以分享自己做到的或看到的为他人提供帮助的事例。

这份帮助和善意可以发生在熟人之间，也可以发生在陌生人之间；可以是用心费力的，也可以是举手之劳的；可以是提前做准备安排的，也可以是随机遇到的……关键是坚持形成一种对他人、对社会、对环境保持友善和愿意提供帮助的意识。

小贴士

亲社会行为是指人们在社会交往中表现出来的那些有利于社会和他人的行为。人们在共同的社会生活中经常会表现出类似这样的行为，比如帮助、分享、合作、安慰、捐赠、同情、关心、谦让、互助等。亲社会行为是维护良好人际关系的重要基础，也是体现出社会公共道德意识的重要形式，对个体一生的发展意义重大。

记录"日行一善"，提升自我教育能力

上文提到的"每日三问"实际上就是父母引导孩子"日行一善"，

就是每天尽自己的能力做一点儿善行好事。"日行一善"的出处是：古代有一位叫葛繁的人，每日要求自己至少做一件好事。后来有人请教他如何做到"日行一善"，他说："比如，这里有一条板凳倒了，碍人走路，弯腰把它扶正放好，即是一善。"社会公德教育就是要从做好身边的小事开始，积沙成塔，积小善成大德。

自我教育是教育的最高境界。父母引导孩子经常自我反思，可大大提升其认知水平、加深其情感体验、增强其行为能力。孩子会逐步形成自我监督、自我激励的自我管理和自我教育的能力。

有条件和有意愿的父母，可以建议孩子做"日行一善"日志，即便是简要的记录，或者口述录音记录，日积月累，都会对孩子的德行发展有巨大的提升作用。

创造机会，鼓励孩子参加公益活动

目前我国的公益事业距形成成熟的制度化还需要一段时间，但公益的理念——"人人公益，处处公益"开始逐渐被接受，有一颗愿意助人的真诚的心就可以做公益。

公益活动形式很多，可以捐赠财物、时间、精力和知识等。父母可以鼓励孩子通过力所能及的行动帮助别人。例如，去敬老院陪陪老人，给贫困孩子捐献衣物和书籍，清理社区或附近公园的垃圾……这些都是公益活动。

孩子参与公益活动，能近距离接触到社会的各个方面，由此加深对社会的认识，对社会道德规范的理解。在解决社会问题和事务的过程中，孩子也锻炼了自己的能力，提升了内在素养和道德行为能力，这都是在校园内、家庭中无法学到和体会到的。因而，参加公益活动，有助于孩子综合素养的发展。

2. 遵从礼仪，养成得体行为

周五晚上，爸爸带着天行去参加朋友聚会。虽然天行已经上八年级了，但饭桌上大人还把他当小孩子一样照顾。席间，他只管自己埋头大吃，转盘被他转来转去，他喜欢的大虾更是几乎吃了半盘。大人们还在边吃边聊，天行已经吃饱了，便和爸爸说了一声，没有和其他人告别就离席回家了。

天行在餐桌上这种只顾自己、不讲礼仪规矩的行为方式，在这个年龄段的孩子中具有一定的代表性。回想一下，您和孩子一起去商场，出门的时候您拿着大包小包，孩子可能为您推开大门。当您走出去后，孩子是会继续推着门让后面紧跟的人通过，还是一出门就松手不管了？

餐桌上的行为和商场推门的行为虽然都是很小的事情，但这些简单的事情反映出一个人的基本礼仪修养，也反映了个人对他人、对社会的相处态度。"自己喜欢的菜使劲吃"体现出"以自我为中心"的生活态度，而"推着门让后面人通过"这意味着一个人对他人，甚至是不认识的人，保持着一种助人和友善的态度。

八年级孩子接触的社会环境越来越广阔，学会在各种环境中遵循适当礼仪，表现出得体行为，是孩子社会化成长的需求，也是父母应该重视的教育内容。

小贴士

礼仪是人类为维系社会正常生活而要求人们共同遵守的最基本的道德规范。它是人们在长期共同生活和相互交往中逐渐形成的，是以风俗、习惯和传统等方式固定下来的。对个人来说，礼仪是一个人的思想道德水平、文化修养、交际能力的外在表现；对社会来说，礼仪是一个国家社会文明程度、道德生活风尚的反映。

得体的礼仪行为是对孩子发展提出的必然要求

进入八年级，随着自我意识的增强，孩子开始格外关注自己的外在形象。一方面内心希望别人把自己当成人对待，在仪容仪表、言谈举止方面逐渐表现得更加成熟；另一方面，周围的人对孩子的言语行为也会按照接近成人的社会角色提出要求。

八年级孩子在学校里参加的社交活动也越来越多，学习在各种场合下的礼仪尤为重要。例如，学习社交礼仪，让孩子拥有得体的举止，掌握为人处世的基本原则和分寸；学习服饰礼仪，让孩子懂得着装以自然大方为美，追求名牌、奇装异服、浓妆艳抹都与学生身份不相符；学习公共场所礼仪，培养孩子的社会公德、友爱合作意识；等等。

在与他人交往和合作过程中，孩子的言语行为得体、礼仪周全恰当，展现出其应有的修养和素质，塑造出良好的个人形象，有助于建立良好的人际关系。

礼仪教育是增强道德教育实效性的重要途径

文明礼仪是社会道德的基础，是个人形成高尚道德品质和理想情操的起点。八年级孩子正处于长身体、长知识、长智慧的重要时期，也正是其道德品质与价值观念逐步形成的关键时期。但在生活实践中普遍存在着这样的现象：孩子们对道德行为规范知道得不少，但在行为习惯的落实上却存在明显不足。学校和家庭对孩子的道德教育往往过"空"、过"大"，难以贴近孩子的生活实际，认知说教过多，行为养成不足。

孩子们既要掌握社会道德规范的基本要求，更要知道该如何运用才能形成良好的道德实践。礼仪教育具有重要的道德教育功能，它能提高人们的道德修养，彰显人们的道德精神，保障道德原则的实施。也就是说，礼仪作为操作性很强的道德规范，可以把道德原则落实到行动中，礼仪教育是增强道德教育的直接、有效的途径。

礼仪教育是涉及孩子全方位行为的养成教育

从礼仪的性质看，有言谈礼仪、举止礼仪、仪表礼仪、交际礼仪、习俗礼仪、餐饮礼仪、公务礼仪、涉外礼仪等方面；从礼仪对象上看，有个人礼仪、待客和做客礼仪、馈赠礼仪、文明交往礼仪等方面；从表现形式上看，有礼节、礼貌、仪表、仪式、服饰等方面；从范围看，有家庭礼仪、校园礼仪、公共礼仪等方面。

可以看出，礼仪教育的内容几乎涉及孩子生活学习的方方面面，时时刻刻影响着他们的行为。孩子的思想道德不是与生俱来的，也不是一蹴而就的，而是要通过长期的社会实践养成的。所以，礼仪教育是涉及孩子全方位行为的养成教育。只有长期接受良好礼仪规范的培养，才能养成文明礼仪的行为习惯，孩子才能逐步做到说话有礼貌、办事有分寸、行为有规范，真正成为内在修养良好、外在形象优雅的一代新人。

日常生活中注重培养仪容和仪态礼仪

八年级孩子已经非常注重自己的外貌服饰和仪态举止了，父母正好帮助孩子在个人仪容仪态等方面形成良好行为习惯。

首先，清洁卫生是仪容美的关键。八年级孩子新陈代谢旺盛、运动量大，养成定期洗头洗澡更衣等卫生习惯才能保持得体大方的仪表。此外，还要注意不能在人前"打扫个人卫生"，比如剔牙齿、掏鼻孔、挖耳屎、修指甲等。

其次，着装打扮要考虑时间、地点和目的三大要素。父母引导孩子做到，服饰打扮既要与自己的身份条件相匹配，也与客观环境、场合保持协调。这是着装打扮的最基本原则。

场合可分为职业类、休闲类和正式社交类。在学校或其他学习场所，着装要正式，以校服为主。休闲装则分为时尚休闲、家居休闲和运动休闲。例如去参加音乐会、参观博物馆等，衣着要比较庄重，不可太过随意；户外活动时，可穿着运动服。如果参加正式社交场合，如大型的宴会、聚会等，男生一般着西服，女生着裙装或裤装，色彩样式都要优雅得体、稳重大方。

此外，要注重仪态礼仪。仪态美即姿态动作的美，表现为良好的站姿、坐姿和行姿。姿态动作应自然大方，灵活而不轻浮，庄重而不呆滞，有教养又不造作。

配合学校教育，注重校园礼仪

孩子的大部分活动发生在学校，社交活动也主要是与老师、同学相处，因此遵守校园礼仪是孩子开启礼仪学习之门的第一步。

遵守校园礼仪，首先要注重人际交往礼仪。既要使用好礼貌用语——请、您、谢谢、不客气等，也要使用好体态语言——微笑、鞠躬、握手、鼓掌等。

其次，在公共场所礼仪方面，自觉保持校园环境整洁，不随地吐痰，不乱扔垃圾，不乱涂抹刻画，爱护学校公共财物，等等。

第三，集会礼仪方面，学校有集会、报告会、升降旗、运动会等活动，要自觉遵守集会礼仪。例如升国旗仪式，升旗时全体应立正、脱帽、列队整齐排列，面向国旗，神态庄严，行注目礼，直至升旗完毕。

第四，住校生要注意宿舍交往的礼节，要相互尊重，以礼相待，和睦相处。宿舍是同学们共同生活、休息的场所。要保持宿舍整洁安静，爱护公用物品。未经许可不得动用他人物品、坐卧他人床铺。准时作息，不影响他人休息。同学生病或遇到困难，要主动关心照顾，等等。

创设机会培养孩子参加特殊活动的礼仪

一些特殊活动有特定的基本礼仪。例如，传统文化节日的礼仪，要按照特定风俗做出恰当的言语行为。

例如春节时见面，要互致问候祝福，态度要热情欢快，要说一些吉祥话和祝福语，不可随便开玩笑；走亲访友，一般都要准备礼品。

清明节时期，参加学校组织的祭扫烈士墓活动或随家人祭奠先人，要穿着庄重，态度严肃，语调沉稳，切不可嬉笑打闹。在中秋节、重阳节等传统节日里要记得问候长辈。

父母带孩子去特定公共场所，如音乐厅、博物馆、展览馆等，要结合特定场合对仪容仪表和言谈举止做出规范要求，帮助孩子养成良好的行为习惯。

3. 培养财商，进行财富管理教育

孩子虽然尚不能创造财富，但同样有消费的需要。这其中包括购买学习用品等教育消费行为，吃穿住行等日常所需消费行为，还有娱乐、休闲等消费行为。因此，理财教育也是孩子要上好的一门成长课程。

财商，即创造和管理财富的能力，是树立正确的金钱观、世界观和人生观的基础。它与智商、情商并称为现代人的基本素质，更是须从青少年开始培养的能力。

小贴士

财商（FQ），指对金钱（财富）的认识，以及如何赚钱、花钱、让钱保值和增值的智慧，涉及一个人对金钱的态度、投资的理念、风险管控的策略和人生规划的智慧等方面。

学习花钱实质是学习管理自己的欲望

有些父母担心孩子乱花钱，就"剥夺"孩子掌控钱的机会。无论孩子买什么东西，统统向父母伸手要。有些父母则随意给孩子零花钱，无原则地满足孩子的消费欲望。很多父母将孩子的压岁钱设置单独账户，就不管不问了；有的父母则把孩子的压岁钱简单放进家庭账目。无论哪种做法，孩子都无法形成管理金钱的观念和习惯，可能既不懂得珍惜金钱，也缺乏规划管理金钱的意识。

其实，孩子学习正确花钱就是学习管理自己的欲望。学会认清哪些是生活必需品，区分哪些是必须马上支出的花费，哪些是可以延迟满足的目标，并量力做出选择。

孩子学习正确花钱的过程，实际上是做价值判断和理性选择、进行自我调控的过程。如此一来，孩子逐渐认识到资源有限、欲望无穷，形成量入为出的观念。孩子管理自我欲望的能力必须在实践中逐步形成，而父母给予孩子适当的花钱的权利正是培养财商的必要条件。

延迟满足是为未来做规划

每个人的生活都是在当下与未来之间寻找平衡，财富管理也是把现在与未来之间的资源进行配置，使得现在和未来生活都能得到满足。财商教育就是要培养长期规划、延后享受的理念。所谓延后享受，就是指延期满足自己的欲望，以追求自己未来更大的回报。这是财富增长的重要手段。

运用延后享受理念，财富管理的视野由当下的生活扩展到几年后、十几年后，乃至几十年后，设定短期、中期和长期的生活目标并转化为财务目标，设定各项需要实现的个人目标和家庭目标。例如，出国旅游或游学、买房子、上大学、父母的养老等。这些人生主要目标的规划，父母应该让孩子了解并参与讨论决策。

收入主要来源于劳动报酬和资本利得

孩子除了解如何花钱满足自己的愿望外，更要知道钱是如何赚到的。培养孩子的财商，要让孩子了解财富流动的规律。在劳动中真正体味到回报与付出成正比，这样看似简单的道理，将会给孩子的一生带来巨大的精神和物质财富。

首先让孩子知道，财富是由劳动创造的。父母可与孩子协商，让他通过做些家务劳动来获得劳动报酬。但并不是孩子所做的所有家务都需要给予报酬。参与家务劳动既是孩子的权利，也是义务。此外，孩子还可将自己不需要的东西放到跳蚤市场或网上出售，既可节约资源，又能赚到一些零用钱。

除了劳动报酬外，钱赚钱，即资本利得，也是重要的收入来源。例如银行存款的利息，理财产品的收益，股票的股息，企业股权的分红，理财保险的分红等。

给孩子掌控零用钱的权利

父母平时可以陪着孩子一起到超市购买所需的学习用品、零食、玩具、礼物、鞋帽等。与孩子及时地交流购物的感受，如问孩子消费是否必要、合理。通过交流，父母帮助孩子总结消费的经验和教训，慢慢学会理智、科学的理财。

给予孩子掌控零用钱权利的同时，父母与孩子"约法三章"。第一，单笔消费最高数额的限定和每周花钱的最高额度，超出限额需要与父母协商。第二，每次消费后记账，每周核对账目，钱账清楚、用途正当，下月可获得奖励，反之减少零用钱。第三，每月至少将15%—20%的零用钱用于储蓄或投资。如有意见和建议，随时沟通。这样，不仅能帮孩子建立合理的消费观，还能帮助孩子制订生活规划。

以终为始设立短期消费目标

对于金额较大的需求，父母帮孩子一起制订规划，以要完成的目标额度为起始点，减除日常花销来规划每月可预留出的储蓄，并制订出完成目标所需的时间。

以小目标开始，如一件遥控玩具，进行几个星期储蓄便能大功告成；再设置较大目标，如一辆自行车，要耐心储蓄几个月才能实现；之后，可以完成需要储蓄上一年半载才能实现的大目标。

如果孩子因受到其他诱惑没能"把钱留住"，那么他就必须耐心等待或赚钱补充，孩子需要为自己的财务状况负责。

当然也有生性节俭的孩子对钱财格外看重，生活中尽量缩小开支。此时，父母可以鼓励孩子正常消费，如建议孩子邀请小伙伴去看一场电影，买一双新的运动鞋，给爷爷或奶奶送一份生日礼物，等等。

这样做的好处是，让孩子从小就培养起以终为始、量入为出的财富管理意识，在进行消费的同时，会考虑长期规划。好习惯一旦养成，终身受益。

让孩子接触专业金融机构

除了教会孩子合理地花钱，父母也可以告诉孩子一些财富管理常识，带着他们接触一些简单的金融投资。

很多银行都有针对青少年的"儿童账户"，父母不妨带上孩子亲自办理一些基础的银行业务，告诉他们为什么要把钱存在银行里，不同年限的存款利率为什么会不同，怎样给外地的爷爷奶奶汇款等。现在，网上购物、网上银行和手机支付已经非常发达，父母也可以让孩子了解一些相关知识。

如果有基金、股票账户，也可为孩子介绍一些简单的证券投资理财的知识。比如，查看基金的净值，告诉他们净值涨跌对财富有什么影响。

从多年的财富增长规律看，在各种财富积累的理财工具中，股票是增值倍数最多的，但是其风险也是最高的。父母可以尝试为孩子建立一个定投账户，每月定时定额投资小笔资金，让孩子体验一下财富变化的状态。

为家庭成员建立风险保障机制

金融业的三大支柱是银行、证券和保险。除了社会保险，商业保险在个人、家庭和企业的财富管理过程中具有不可替代的重要作用。

保险具有保障人身安全、财产安全和保障财富保值增值的功能。父母的工作收入能力是家人幸福生活的物质保障，如遭遇意外或重疾袭击，会给家庭造成灾难性的财务损失。每个成员都有遭遇意外和重疾的可能性，建立重疾保障和意外保障是对冲人身重大风险、真正体现爱与责任的财富管理智慧。

与此同时，家庭也需要运用各类财产保险来对冲财产风险带来的损失，以及运用理财型保险为孩子准备未来需要的教育金和为父母准备的补充养老金。

关于保险的基本常识，父母需要带领孩子一起学习和了解，掌握相应的风险管控知识，完善家庭风险保障机制。

回顾与思考

1. 在日常生活中，父母应如何有意识地培养孩子的公德意识？

2. 对学校开展的校园礼仪学习，父母应如何配合学校的相关教育做好落实工作？

3. 父母应如何与孩子一起安排孩子的零用钱、压岁钱和其他收入？

4. 日常生活中，父母应该如何引导孩子树立正确的财富管理观念呢？

第 九 章

你问我答

9

1. 我该如何指导孩子与异性交往?

最近女儿与班里男生交往比较密切，我该如何引导孩子把握与异性同学的交往尺度呢?

异性交往是孩子的身心成长和社会性发展中不可缺少也是不可替代的内容，具有非常重要的作用。

首先，要理解和接受这个年龄段的异性交往是正常的心理发展过程和情感需求。要避免误解，避免随意给孩子扣上早恋的帽子。

其次，要与孩子坦诚沟通，帮其形成正确的价值观。可以通过影视故事或身边真实事例，和孩子彼此真诚地沟通交流，讨论友情、爱情、婚姻、家庭等话题，一定要允许孩子表达自己的想法和感受。

此外，与孩子达成与异性交往的行为原则。与孩子平等地探讨而非简单地要求或规定，例如约定与异性交往的活动形式和时间范围，如何做好自我保护等。沟通务必是在充分理解和信任的基础上，不可随意评判与指责孩子的想法和感受。也可和孩子分享自己在这个年龄段时与异性交往的经历和感受，与孩子产生共鸣。这不是一蹴而就的事情，需要彼此不断沟通和交流。

2. 我该如何和孩子交流?

孩子现在回家后就总是待在自己房间，怎么也不愿意和我们多沟通，我们该怎么办呢?

孩子不爱和父母多交流了，可能是由于孩子独立性增强了，也可能是受到挫折而情绪低落、行为退缩的表现。青春期的孩子想要表现得更加独立。他们既特别渴望接触外部世界，又不愿意敞开心扉。这种孤独感正是自我意识正常发展的一种表现。

父母需要调整对待孩子的心态和方式。首先，要从心态上把孩子当作成年人来平等看待。其次，家庭事务中更多征求孩子的意见。再次，多主动与孩子讲讲自己的工作、爱好等。写信也是个很好的方式。在信中，父母坦诚说出自己的想法、担忧或苦衷，真诚地表达对孩子的尊重和爱。信既传递了对孩子的殷殷情意，又让孩子可以充分思考和体会。这样平等地和孩子沟通，孩子会对父母产生充分的信赖。

如果孩子不愿交流，甚至做什么事情都没有兴趣，父母要特别关注。因为八年级会遭遇很多困惑烦恼，孩子若自身力量不足，又缺乏心理支持，容易趋向自我封闭。对此，父母要善于发现孩子与众不同的闪光点，及时恰当地给予肯定和鼓励，支持并引导其培养丰富的兴趣爱好。

3. 面对孩子追逐名牌，我该怎么办？

孩子看到身边许多同学穿着名牌服饰，她也要求购买。不答应的话担心孩子在同学圈里受歧视，答应了又怕她产生虚荣心，我该怎样做呢？

孩子想要名牌主要出于两种心理：一是想获得关注，二是从众随大流。想获得关注和与他人建立认同感，是自我发展过程中正常的心理需求。但主要通过名牌服饰这类外在标识获得关注和认同则是非理性的、不利于自我成长的。

首先，让孩子了解劳动创造财富的价值。父母可以带孩子到工作单位去参观一下，让他们了解父母如何辛勤付出劳动才能获得劳动报酬。父母还可以让孩子记录家中收支情况，让孩子了解合理消费的重要性。

其次，要引导孩子正确认识名牌的价值。名牌产品之所以具有很高的价格，一方面是产品本身成本价值比较高，另一方面也是商家为了创造稀缺性而保持较高的价格。名牌产品的确有标识物质财富的作用，使用名牌是一种满足被关注的心理需求的方式，但是，这种通过外在方式获得的价值满足感是暂时的。真正重要的是提升自身的内在价值，例如，自己的能力强（无论是道德品行、日常学习、运动还是艺术等方面）都可以获得真正的关注和尊重。

当然，父母也可根据自身实际情况，适当满足孩子的一些合理需求。不过要让孩子用家务劳动或其他努力付出换取报酬，买到自己心仪的物品，让孩子获得内在的价值感。

4. 怎样引导孩子正确择友?

孩子近期交往的同学中，有两个学习和品性都不太好的，我劝他少与他们来往，可孩子不听，我该怎样劝导他?

这个年龄段的孩子是十分渴求友谊的。择友是成长中的关键问题，但孩子择友标准与父母是不一样的。首先，父母要理解和接受孩子择友的动机，也要尊重其择友的能力。父母往往考虑学习成绩、行为表现和家庭背景等因素，孩子则更看重性格相投、兴趣一致、情感相容等方面，希望获得被尊重、被接纳或被推崇的成就感。父母先要理解孩子与这些朋友交往是出于什么样的心理需求。

其次，父母要帮孩子树立正确的友谊观。父母要认真倾听孩子对择友标准的看法，看看自己认为的"不太好"是否客观真实。帮助孩子认识到，真正的友谊会在共同理想、共同学习和生活中互相关爱、互相帮助，给人以激励和正能量。再具体分析，他的朋友给他带来的是什么，是否需要调整孩子与其朋友之间的距离。特别需要注意，不是对孩子说教，而是建立在尊重、真诚、平等基础上的沟通。

再次，父母要为孩子创造条件让孩子多参与积极健康的活动，接触更多的朋友。父母和孩子都要开阔视野和心胸，父母既不能管制太严，也不能撒手不管。

5. 如何应对孩子沉迷于网络游戏的问题？

儿子最近迷上了网络游戏，一有机会就想玩，现在学习都不专心了，总惦记着网络游戏，这可怎么办？

没有一个孩子不爱玩，网络游戏更是有极大的吸引力。现代社会，网络游戏具有重要的社交和娱乐功能，但也可能产生许多负面影响。

为预防孩子沉迷网络游戏，在使用网络之前，父母可以先和孩子"约法三章"。定下网络使用规则，包括电脑放置的位置、可以上网的时间以及明确的违约惩罚。例如，如果超出约定时间，从下周的时间里扣除，并坚持落实。电脑放在客厅、书房等家中公共的场所，确定这是全家共享的设备。如果孩子使用手机玩游戏，也要约定手机的使用时间。这份"章程"张贴在明显的地方，孩子和父母一起签名执行。

为防止孩子玩游戏时间过长，消极的措施是父母安装上网管制软件，积极的做法则是父母参与到孩子的网络世界中去，用网络和孩子沟通，以电子邮件、设定系统提醒等方式来帮孩子自制，而非简单的言语唠叨。

如果孩子已有点儿上瘾，父母也不要过于焦虑，宜引导而非强制。父母要平心静气地和孩子沟通，约定规则。规矩一旦定下来就轻易不要变动，孩子和父母都要严格遵守。当孩子行为不合规矩的时候，就按照彼此约定的方式处理。这样坚持多次，父母及时给予鼓励认可，孩子也能发展出良好的自制力。

6. 怎样提高孩子的学习效率?

孩子学习劲头不足，总是拖拖拉拉，每天晚上作业写到很晚，但是质量却不高，我该怎样引导他?

学习效率的高低和很多因素有关，影响最大的主要是学习态度、学习动机、学习方法和学习习惯。父母想帮助孩子提高学习效率，可以考虑从以下几个方面入手：

（1）保证充足的精力和体力。孩子既要保证充足睡眠，还要坚持体育锻炼。

（2）激发积极主动的学习态度。孩子拖拖拉拉，一方面是能力不足做不好；另一方面是动机不足不愿意做。父母可以帮孩子把大任务分解为小目标，让孩子体验到达成目标的成就感，激励孩子主动学习。

（3）合理安排时间，全神贯注学习。八年级学习任务不少，但一天到晚伏案苦读绝非良策。主动安排好学习、休息、娱乐的时间，更能补充能量，保持旺盛的精力和持久的兴趣。因为注意力集中的时间不能很长，所以，每个时间段安排在30—40分钟左右，效果会更好。

（4）让孩子充分利用好上课的学习时间。预习和复习都很重要，但课上的45分钟最重要，紧跟老师的思路，抓住知识要点，学习效率可以事半功倍。

（5）开阔视野，广泛阅读。学习是个积累的过程，平时多阅读各类书籍，视野开阔了，思维敏捷了，自然对学习效率提升会起到极大的促进作用。

7. 如何提高孩子的人际交往能力?

孩子比较害羞，不擅长与人交往，有些自我封闭，这该怎么办?

交往能力是与他人和谐相处的能力，良好的人际关系会让人感到愉悦，青春期孩子更渴望与人建立亲近的关系。

孩子害羞可能有多种原因：或天性喜欢独处，或缺乏交往的勇气，或缺少交往的技能，等等。无论哪种情况，成功人际关系的前提都是建立健康的"个人边界"，也称为"心理边界"。

首先，父母帮助孩子建立清晰健康、有弹性的心理边界。即让孩子知道什么是合理的、安全的和被允许的行为，以及当别人越界的时候，自己该如何回应。具体来说，就是学会觉察和表达自己的真实感受，学会理解和接受他人的感受，学会与他人进行有效沟通。这需要父母创造轻松的氛围，以充分的耐心鼓励孩子表达自己和回应他人。

其次，父母反思一下自己与孩子的互动中是否有"心理越位"。例如，父母进孩子卧室不敲门，或随意翻看孩子日记等，都是父母对孩子心理边界的侵入。父母与孩子建立起良好的人际关系，本身就是有效地帮助孩子。

再次，成功的人际交往能力是通过长期的学习和训练得来的。父母根据孩子的性格特点和兴趣爱好，让孩子多参与集体活动，增加与他人交往的机会，才能不断提高人际交往能力。

8. 如何帮助孩子应对考试焦虑？

孩子平时学习很努力，但是考试时比较紧张，经常发挥不好，我们应该如何帮助孩子缓解这种紧张呢？

在考试中过度紧张的心理状态，心理学上称为考试焦虑反应。学会一些自我调节的方法可以有效地预防和克服考试焦虑。

（1）以平常心对待考试。考试并非人生终极点，而是成长过程中检验学习的工具。考试成绩有波动变化是正常的，父母要帮助孩子从担心失败的恐惧中走出来，将注意力放到关注成长的认知上来。

（2）进行积极的自我暗示。孩子考前反复地告诉自己："我复习得很充分，相信自己一定能发挥好。""这题对我难，对别人也一样。""我的状态很好"……用积极信念说服低落的思想情绪，多次暗示可增强信心，稳定情绪。

（3）加强应试技能的训练。帮助孩子掌握重大考试的基本技能技巧，比如了解题型，掌握答题顺序、解题思路、答题要点以及如何合理分配时间等。

（4）采用系统脱敏法缓解焦虑。考试前的这几天，在头脑中先想象一下整个过程：在家复习准备的场景；教师宣布考试的场景；被一道题难住了的场景；时间快到了还没做完的场景；想象把会做的题目都做完了的场景……想象各种可能的场景。当感到对各种场景有心理准备的时候，考试焦虑就会有所缓解。考场上开考前，还可以用深呼吸等方式释放紧张情绪。

（5）如果焦虑情绪严重影响到了生活和学习的话，需要寻求专业人员的帮助。必要时可以找心理咨询师或心理医生给孩子进行正规的心理治疗。

9. 如何加强父亲与孩子的交流和沟通?

作为父亲,我知道需要多和孩子沟通,但是我的工作很忙,总是出差,没有时间陪孩子,该如何和孩子多交流呢?

许多父亲工作繁忙,似乎总没有时间和精力陪伴孩子。不过,还是有一些方法可以帮助您和孩子多交流的。

(1)出差前告诉孩子出差的原因,出差会做哪些事,对工作有什么作用和影响,解决什么问题,让孩子更了解您的工作,让他感受到您对他的尊重和重视。

(2)出差途中,借助电话、网络社交等工具和孩子保持联系和交流,让孩子感受到"爸爸时刻关注着我呢"。

(3)把孩子的重要活动放进您的日程表。尽量参加孩子的重要时刻,如运动会比赛、汇报演出、班级活动等。您的参与就是重视、爱和尊重。澳大利亚前总理霍华德的小儿子曾有一个辩论赛,那天霍华德有一个重要视察活动,但他一下飞机就赶到学校,可想而知他的孩子有多么开心。想办法安排时间出席孩子成长的重要时刻吧!好父亲不仅要重视孩子物质生命的成长,更要关注孩子精神生命的成长。

10. 夫妻关系失和，如何共同养育孩子？

我和孩子爸爸关系不好，长期处于分居状态，但为了孩子我们没有离婚，可是双方的教育理念和方法差别很大，常常发生分歧，对孩子的影响也不好，我该怎么处理呢？

父母关系的确对孩子成长有重大影响。不过，父亲和母亲个人的心理品质、生活态度以及亲子关系对孩子的作用更为重要。

维护健康亲密的夫妻关系肯定是首要事情。夫妻教育理念和方法有分歧是普遍现象。但如果矛盾无法调和，还勉为其难地维护表面平和，未必会给孩子起到正面的作用。正如著名心理学家荣格所言，父母对孩子的最不好的影响，莫过于让孩子觉得他们的父母没有好好过日子。这意味着至少两层含义：第一层是父母要处理好夫妻关系；第二层是父母要为自己的人生目标而努力奋斗。这对孩子意义重大。

您能做的，首先是尽力与孩子爸爸做好沟通，求同存异。其次，您要与孩子客观交流，不隐瞒父母分歧的事实。真正对孩子造成伤害的不是父母分歧的客观事实，而是父母对彼此以及生活的不满、指责、攻击、冷漠、愧疚、逃避等不良态度和方式。

所以，对孩子影响最关键的是父母解决问题的态度和行为。父母以平和的方式，而非抱怨、指责、发泄情绪的方式，与孩子分享自己的想法和感受，对彼此都是有成长意义的。一方面，让孩子知道"即使爸爸和妈妈意见不一致，我们都是爱你的，你一样可以开心快乐地成长"；另一方面，父母积极负责的人生态度，会传递给孩子直面生活的勇气和信心。

11. 孩子特别喜欢看言情小说怎么办?

女儿最近特别爱看小说，而且大多是言情小说，怎样才能让她看些正经书呢?

初中是一个人阅读的黄金期，父母要帮助孩子培养阅读兴趣，养成阅读习惯。

首先，父母要有广阔的胸襟和战略家的眼光。让孩子有阅读的自由，多接触各种类型风格的图书报刊。只有读自己喜欢的书，才会视阅读为赏心乐事!

初中生大多喜欢阅读言情类、武侠类、漫画类等书籍。言情小说语言唯美、情节曲折，充满浪漫想象，可以部分满足女孩子情感发展的需求。这是正常的现象。父母不必视言情小说如洪水猛兽，不做简单的否定或批评。

其次，父母先要了解孩子，再平等交流、相机引导。父母了解了孩子阅读的书籍，孩子感到父母接受和理解她，才可能听从父母的建议和意见。父母才有机会和孩子探讨相关的文学作品或生活体验。父母若能抓住时机，巧妙引导，推荐或陪伴孩子阅读优秀的文学作品，逐渐转化孩子的兴趣点，往往能收到事半功倍之效。

第三，父母也需调整对"正经书"（主要指中外名著或经典）的态度。诚然，阅读名著可以熏陶人格、提升品位，但不必太强调经典的神圣感。正如周国平先生所说的那样，"不妨把经典当作闲书来读"。父母还可和孩子一起欣赏由优秀文学著作拍摄的影视作品，激发孩子的阅读兴趣，引领孩子走出言情小说的小圈子，拓展孩子的阅读范围。

此外，父母自身的阅读习惯对孩子影响巨大。在家庭良好的读书氛围中，孩子与书为友，在阅读中享受到精神成长的喜悦，阅读习惯自然就养成了。

12. 如何应对孩子学习成绩下滑的问题？

孩子最近学习成绩出现大幅下滑，我们很着急，有什么办法能让孩子赶上呢？

孩子成绩呈现大幅下滑，先看看是全部科目，还是部分科目。造成孩子成绩下滑问题的影响因素很多，如果是许多科目普遍下滑，一般主要是由于学习能力不足或意志力不够。在学习能力不足方面，八年级的学习内容由"形象思维"为主转变为"抽象思维（逻辑思维）"为主，如果孩子单纯靠死记硬背，而抽象思维能力明显不足，学习就会感到吃力，成绩会出现下滑。另一种情况是意志力不够。八年级学业难度增大，如果孩子以前因为学习内容简单，不需花费太多时间精力去学习，现在缺乏必要的意志力，遇到困难就退缩放弃，成绩也会下滑。

针对不同的情况，应对策略也不一样。第一种情况主要是提升学习能力。首先，帮助孩子分析现状：看看学习方式是靠死记硬背还是会理解应用？是独立思考还是简单模仿？是"形象思维"为主还是"抽象思维"为主？其次，帮助孩子改善学习方式，优先注重培养思考能力，特别是"抽象思维"的能力。同时，尽力帮助孩子开阔视野，拓宽知识面。如果父母自己不擅长，可以寻求专业老师的帮助。

第二种情况主要是加强意志力。首先，帮助孩子端正学习态度。具体方法上，帮助孩子确定适当目标，订立学习计划，给予有效监督，同时也给孩子一定的自主权利，让他逐步学会自我管理，加强自控力。其次，要树立孩子的自信心。父母要多找出孩子的闪光点予以鼓励，增强其上进心和克服困难的意志力，并且对待成绩更加宽容，允许孩子失误犯错。

如果是部分科目下滑，首先看看是否与任课老师有关。如果孩子对老师的教学方式或理念有较大的抵触情绪，或者在学校经历了什么特殊事情，导致孩子对老师有意见，可能会严重影响孩子的学习积极性。这个方面父母需要详细了解，如果情况是这样，就与孩子先解决这个问题。

如果不是老师的关系，是科目本身的特点或变化让孩子无法适应的话，父母就应细致地与孩子分析这个科目的学习特点，系统地找到孩子对此科目知识点学习的弱点所在，并有针对性地调整学习方法。父母可以请教任课老师协助或请其他专业人士帮助孩子提升专项学习能力。

13. 怎样帮助孩子提高心理承受能力？

女儿好胜心特别强，想做的事情如果没有做到，就会很受打击，怎么样帮助她提高心理承受能力呢？

孩子遭遇挫折和失败是不可避免的。父母须帮其及时调整心态，提升抗挫折能力。

首先，父母陪伴孩子缓解强烈的受挫情绪。允许孩子表达和发泄情绪，降低消极情绪的能量。如果情绪非常强烈，可暂时回避相关情景，淡化对挫折事件的过度关注，以缓解压力。

其次，情绪平稳之后，父母再帮孩子分析造成失败的原因。按照归因理论，一般可以分为四种：能力不足、努力不够、难度太大和运气太差。其中能力和努力是自己可控的内在因素，而难度和运气是不可控的外在因素。难度太大，意味着目标设置不合理，应该重新规划；运气太差，意味着外在环境条件不具备，就应该重新评估后再做准备；努力不够，就应该自我激励，积极进取；能力不足，就去做相应的学习和训练，提升能力。

事实上，这四个方面的因素基本同时存在，但不同的归因方式会产生不同的想法和做法，归因为难度和运气可缓解压力，降低焦虑；归因为努力和能力，有利于激发改变现状的行动。通过系统全面的分析，可以避免孩子盲目自责，重新积蓄行动的能量。

再次，运用积极的心理防御机制，帮助孩子调节心理状态。例如，积极地劝慰孩子：失败是成功的尝试；关注过程中带来的收获；强调已达成的目标，以此强化积极心态。同时，不断地自我激励汲取能量，建议孩子阅读成功人士的自传，或者观看励志影片等。另外，在平时的生活、学习中，让孩子通过体育锻炼、压力挑战、竞争活动等方式，加强意志品质的训练。

14. 如何和孩子交流青春期知识？

孩子进入了青春期，身体发育很快，怎样更好地和孩子交流有关青春期的知识？

多数父母给孩子进行青春期教育时都会有害羞、难以启齿的心理。因此，掌握一些方法和技巧，既可达到教育目的，也可避免尴尬。

首先，购买一些青春期教育方面的书籍，放在床前或桌上，让孩子先了解最基本的知识。然后，和孩子一起看书、探讨，或通过网络获取相关信息。其次，打消孩子对性的神秘感或偏见，让孩子对性脱敏是令其正确认识性的重要前提。此外，根据孩子的性格、性别等因素提前规划好适宜孩子的主题和内容。

青春期教育至少包括以下基本内容：第一，生理卫生教育。让孩子了解自己的身体，了解男性和女性的性器官和功能。向孩子讲述青春期发育的性特征和应对心理，以及保持身体清洁健康的方法。第二，性心理教育。教给孩子大方开朗地与异性朋友接触、交流和交往的方法。第三，性道德教育。让孩子在自尊自爱的同时学会尊重他人。培养孩子有担当，富有责任感的品格。第四，自我防卫教育。教给孩子在面临侵害时的心理和身体上的防卫措施，以及规避威胁和寻求帮助的方法，让孩子避免受到性骚扰和性侵害。有些内容孩子可能在学校或通过其他途径接触过，但未必正确，父母要帮助孩子矫正错误的观念。

当然，青春期教育中最重要的是，父母要特别注意自己的认知，要摒弃性是丑陋的、见不得人的等错误的思想观念，这样才能为孩子树立科学、客观和正确的青春期教育观念。

15. 孩子不习惯用错题本怎么办？

儿子总是在同一个知识点上反复出错，老师建议用错题本梳理错题，总结规律。但是他嫌抄错题太麻烦了，迟迟没有付诸行动。我该如何引导孩子准备错题本呢？

错题整理不是把错题抄一遍，把正确答案写上去。以数学为例，很多题型都有相通之处，大的方面有数学思想相通，小的方面有知识点或解题方法相通。可以让孩子在某一章节学完之后，把这一章节错题的错误原因写出来，这样就比较清楚哪些是错在一个知识点上，哪些是练习不够，然后把知识点提炼出来。

形式上也不一定非要有个本子，例如可以把练习卡片按照科目章节分类，在每张卡片开头的空白处写上主要问题，然后把整章卡片的问题总结整理在一张纸上，放在最前面，然后定期翻看一遍，翻看的时候看这张纸就够了。如果看到的知识点不能回想起来，就再继续往下翻找到相应的卡片重点复习。

对一些虽然没有错但当时没有把握的题目也要进行标记，对特别好的题目则可以单独整理出来重做。

错题本没有固定的形式，父母可以和孩子商量一下如何利用错题本，把决定权交给孩子，然后根据孩子的决定督促其执行。

主要参考文献

1. 朱永新. 我的教育理想（2014 年修订）［M］. 桂林：漓江出版社，2014.

2. 徐璐，张敬培. 初中生家庭教育遭遇"中年危机"［N］. 中国教育报，2016-03-03（9）.

3. 杨咏梅，赵丹青. 儿童权利：家庭教育的底线［N］. 中国教育报，2015-03-11（5）.

4. 关颖. 不做家务的孩子很难有出息［N］. 中国教育报，2014-05-01（4）.

5. 柯维. 高效能家庭的 7 个习惯［M］. 李耘，译. 长沙：湖南文艺出版社，2016.

6. 柯维. 杰出青少年的 7 个习惯［M］. 陈允明，等译. 北京：中国青年出版社，2015.

7. 葛文德. 最好的告别：关于衰老与死亡，你必须知道的常识［M］. 彭小华，译. 杭州：浙江人民出版社，2015.

8. 戈特曼，德克莱尔. 培养高情商的孩子：让孩子受益一生的情绪管理法［M］. 付瑞娟，译. 杭州：浙江人民出版社，2014.

后 记

　　《这样爱你刚刚好》是自孕期开始至大学阶段一套完整的新父母教材，全套共20册，0—20岁每个年龄段一本。之所以如此设计，是基于向不同年龄孩子的父母提供精准专业服务的需要。与常见的家庭教育图书相比，它不是某一位作者的个人体会和心得，而是40余位国内家庭教育专家集体研究和讨论的结晶，具备完整、科学的体系，代表了我国家庭教育发展的主流。

　　全国政协副秘书长、民进中央副主席、中国教育学会家庭教育专业委员会理事长、新教育实验的发起人朱永新教授，最先提出了编写如此庞大规模的新父母教材的设想，并且担任了第一主编。我和新家庭教育研究院副院长蓝玫一起，与中国青少年研究中心家庭教育研究所所长、《少年儿童研究》杂志主编刘秀英编审，中国青少年研究中心少年儿童研究所所长孙宏艳研究员和上海师范大学学前教育系主任、博士生导师李燕教授三位分主编，讨论并确立了本套教材的编写框架。

　　在中国的家庭教育领域，已经有多种多样的教材或读本，但水平参差不齐，而决定质量的关键因素是编写思想与专业水准。因此，新家庭教育研究院联合中国青少年研究中心和上海师范大学一起组建高水平的专业团队，来完成这一重大而具有创新意义的任务。具体分工如下：由上海师范大学学前教育系承担孕期及学前教育阶段的编写任务，由中国青少年研究中心家庭教育研究所承担小学教育阶段的编写任务，由中国青少年研究中心少年儿童研究所承担中学教育及大学阶段的编写任务。

中学阶段的作者是：七年级，中国青少年研究中心少年儿童研究所副研究员赵霞；八年级，中国青少年研究中心原特约科研人员、北京师范大学在读博士王丽霞；九年级和高一年级，中国青少年研究中心少年儿童研究所所长、研究员孙宏艳；高二年级，中国青少年研究中心少年儿童研究所副编审张旭东；高三年级，中国人民大学附属中学教师杨卓姝。

我与刘秀英、孙宏艳和李燕三位分主编担任了审读与修改任务，在我突患眼疾的情况下，蓝玫副主编、首都师范大学副教授李文道博士承担了部分书稿的审读任务。第一主编朱永新教授亲自审读了每一册书稿，并提出了细致的意见，承担了终审的责任。

湖南教育出版社在黄步高社长的坚强领导下，不仅以强大的编辑团队完成了出版任务，而且创办了一年一度的家庭教育文化节，为推进我国家庭教育发展提供了强大的学术支持，展现了优秀出版社的远见、气魄和水准。

作为一个从事教育事业45年的研究者，我撰写和主编过许多著作，却很少有过编写新父母教材这样细致而艰巨的体验：从研讨到方案，从创意到框架，从思想到案例，从目录到样章，等等。尽管如此，这套教材还存在很多不足。同时我也深知，一套教材的使命，编写与出版其实只是完成了一半，另一半要依靠读者完成。或者说，只有当读者认可并且在实践中发展和创新了，才是一套教材的真正成功，也是对作者和编者的最高奖赏。

我们诚恳希望广泛听取读者和专家学者的批评指正，我们对您深怀敬意和期待！

孙云晓

2017年9月

图书在版编目（CIP）数据

这样爱你刚刚好，我的八年级孩子 / 朱永新，孙云晓，
孙宏艳主编. —长沙：湖南教育出版社，2017.11（2022.8 重印）
ISBN 978-7-5539-5739-5

Ⅰ.①这… Ⅱ.①朱… ②孙… ③孙… Ⅲ.①初中
生—家庭教育 Ⅳ.①G782

中国版本图书馆CIP数据核字（2017）第214038号

ZHEYANG AI NI GANGGANGHAO，
WO DE BA NIANJI HAIZI

书　　名	这样爱你刚刚好，我的八年级孩子
出 版 人	黄步高
责任编辑	武龙梅　张志红
封面设计	天行健设计
责任校对	丁泽良　王怀玉
出　　版	湖南教育出版社（长沙市韶山北路443号）
网　　址	www.bakclass.com
电子邮箱	hnjycbs@sina.com
微信服务号	极客爸妈
客　　服	电话 0731-85486979
发　　行	湖南省新华书店
印　　刷	长沙超峰印刷有限公司
开　　本	787×1092　16开
印　　张	12
字　　数	100 000
版　　次	2017年11月第1版　2022年8月第4次印刷
书　　号	ISBN 978-7-5539-5739-5
定　　价	48.00元

如有质量问题，影响阅读，请与湖南教育出版社联系调换。
联系电话：0731-85486979